KB200095

네이버
포스트가
답이다

월 300만 명이 방문하는 포스트의 비밀

앤써북
ANSWERBOOK

네이버 포스트가 답이다

월 300만 명이 방문하는 포스트의 비밀

초판 1쇄 인쇄 | 2018년 11월 15일
초판 1쇄 발행 | 2018년 11월 20일

지은이 | 바이컴퍼니
펴낸이 | 김병성
펴낸곳 | 앤써북

출판사 등록번호 | 제 382-2012-0007 호
주소 | 경기도 고양시 일산 서구 가좌동 565번지
전화 | 070-8877-4177
FAX | 031-919-9852
도서문의 | 앤써북 http://answerbook.co.kr

가격 | 11,500원
ISBN | 979-11-85553-46-7 13000

Preface

머리말

네이버 포스트를 운영하는 이들은 많지만 제대로 성과를 내는 경우는 극소수다. 대부분 무분별하고 잘못된 방법으로 운영하면서 '포스트는 버림받았다', '블로그보다 못하다', '오래 운영해도 성과가 없다'고 말한다. 그러나 포스트를 제대로 운영하고 있는 소수의 에디터들은 매일 수만에서 수십만 명의 사용자들을 유입하고 있다. 그 중 일부는 하나 이상의 포스트를 운영하며 사실상 포스트로 누릴 수 있는 기회를 독점하고 있다. 그들은 대체 포스트를 어떻게 활용하고 있을까?

네이버는 매일 3천만 명이 방문하는 국내 최대 포털이다. 사용자가 네이버를 방문해서 가장 처음 보게되는 메인 화면에는 뉴스, 포스트, 블로그 등으로 작성한 다양한 콘텐츠들이 주제별로 제공되는데 이렇게 메인 화면에 소개되는 것을 '메인노출'이라고 한다. 네이버 포스트는 바로 이 메인노출을 어떻게 활용하느냐에 따라 성패가 갈린다. 포스트 운영으로 성과를 내는 대부분의 에디터들은 바로 이 메인노출의 기회를 적극적으로 활용한다.

포스트를 제대로 운영해 성과를 내고 싶다면 블로그처럼 운영하던 방식에서 벗어나야 한다. 어디서나 볼 수 있는 흔한 포스팅, 사용자들에게 외면 받는 홍보성 포스팅으로 포스트를 채워봐야 얻을 수 있는 것은 아무것도 얻을 수 없다. 포스트는 애초에 블로그와 지향점이 다른 서비스이기 때문에 잘못된 방법으로 운영하면 할 수록 본래의 목적지와 멀어질 수밖에 없다는 사실을 명심해야 한다.

이 책은 여러분이 포스트를 제대로 운영하기 위해 어떤 일을 어떻게 해야 하는지 알려줄 것이다. 지난 수년간 물밑에서 수십개의 기업 포스트를 운영하고 지도했던 필자의 노하우를 참고한다면 포스트 운영의 시행착오를 줄이고 조금이라도 더 빨리 성과를 낼 수 있을 것이다. 포스트에서 가장 중요한 것은 콘텐츠지만 이를 효과적으로 어필하기 위해서는 전략적인 운영이 반드시 필요하다. 이 책을 통해 자신만의 포스트 운영 전략을 확실하게 세워 좋은 성과를 낼 수 있기를 바란다.

필명 바이컴퍼니 씀

Reader supporting center

독자지원센터

독자 문의

책을 보시면서 궁금한 점에 대해 서로 의견을 공유하고 질의응답 내용을 확인할 수 있고, 그래도 궁금한 점이 해결되지 않을 경우 앤써북 카페(http://answerbook. co.kr)의 [독자 문의]–[책 내용 관련 문의] 게시판에 문의한다. [카페 가입하기] 버튼을 클릭하여 회원가입 후 게시판의 [글쓰기] 버튼하고 궁금한 사항을 문의한다. 문의한 글은 해당 저자에게 문자로 연결되어 빠른 시간에 답변을 받아 볼 수 있다.

질문글 작성 시 어떤 책과 관련된 질문인지 알 수 있도록 제목에 다음과 같이 "[책명]질문 내용"형식으로 작성한다. 여기서는 "[네이버 포스트가 답이다]질문 내용"과 같은 형식으로 작성한다

<table>
<tr><td>

저자 특강
·
스터디
·
교육

</td><td>

앤써북 출판사에서 출간된 책 저자님들의 강의, 특강 및 관련 교육을 안내하는 공간이다. 혼자 공부하기가 막막하다면 저자 직강이나 특강 및 관련 교육 또는 스터디에 참여하여 여러 사람들을 만나 궁금한 점에 대해서 서로 의견을 공유해 보자. 책과 관련된 어떤 강의가 진행되고 있는지 앤써북 카페(http://answerbook.co.kr)의 [추천 교육/스터디]-[저자 특강/스터디/교육] 게시판을 방문해 보자!

</td></tr>
</table>

앤써북 카페 메인화면 좌측 하단의 [추천 교육/스터디]의 '더보기'를 클릭하면 앤써북 저자들의 특강 및 강의와 앤써북 추천 교육 과정들을 확인할 수 있다.

Contents

목차

Contents

목차

Chapter 04

포스트 운영하기

| Chapter |

01

포스트 이해하기

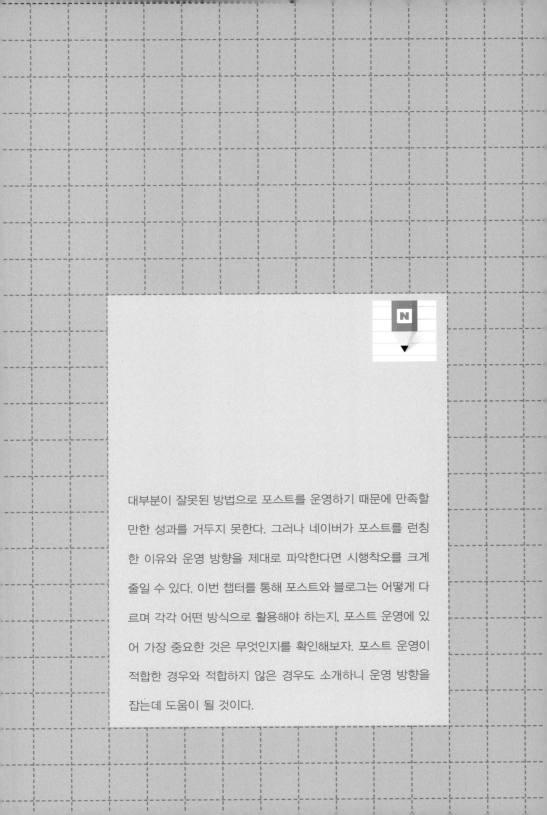

대부분이 잘못된 방법으로 포스트를 운영하기 때문에 만족할 만한 성과를 거두지 못한다. 그러나 네이버가 포스트를 런칭한 이유와 운영 방향을 제대로 파악한다면 시행착오를 크게 줄일 수 있다. 이번 챕터를 통해 포스트와 블로그는 어떻게 다르며 각각 어떤 방식으로 활용해야 하는지, 포스트 운영에 있어 가장 중요한 것은 무엇인지를 확인해보자. 포스트 운영이 적합한 경우와 적합하지 않은 경우도 소개하니 운영 방향을 잡는데 도움이 될 것이다.

네이버 포스트 제대로 알기

네이버 포스트는 블로그만큼이나 널리 알려진 서비스다. 그러나 포스트의 진짜 가치와 제대로 된 활용법을 아는 사람은 드물다. 네이버는 왜 블로그를 놔두고 왜 포스트를 런칭했을까? 포스트 에 대한 각종 논란과 진실을 살펴보고 포스트는 왜 앞으로도 계 속 운영될 수밖에 없는지 확인해 보도록 하자.

1 _ 네이버가 포스트를 런칭한 이유

네이버는 수년 전부터 사용자 맞춤형 정보를 제공하는데 공을 들이고 있다. 획일적인 네이버 화면으로는 다양한 사용자들의 요구를 충족시킬 수 없다고 판단했기 때문이다. 네이버는 모바일 메인을 우선적으로 개편해 주제판 기능을 추가했고, 곧 PC 메인에도 이를 적용해 사용자가 원하는 주제의 콘텐츠만 골라 볼 수 있게 했다. 그리고 이 모든 과정에 선행된 것 중 하나가 바로 포스트의 런칭이다.

▲ 초기의 포스트

2014년 4월 2일, 정식으로 서비스를 시작한 포스트는 차세대 모바일 콘텐츠 플랫폼으로, 누구나 쉽게 모바일 콘텐츠를 만들고 공유할 수 있는 서비스를 표방했다. 네이버는 포스트가 자기만의 노하우와 전문가급 정보를 쓸 수 있는 서비스라고 밝히며, 도전 포스트, 포스트 작가 학교, 스타에디터 등의 이벤트를 열어 숨은 전문가들의 참여를 적극 독려했다.

▲ 스타에디터 발굴 프로젝트 시즌2

포스트 출시 이전까지 네이버의 콘텐츠들은 대부분 블로그를 통해 작성됐다. 카테고리별로 구분되어 있기는 했지만 개인과 기업의 콘텐츠가 혼재해 있었고, 출처가 불분명하며 내용까지 빈약한 콘텐츠도 많았다. 네이버는 포스트 런칭 이후 전문 콘텐츠를 작성할 수 있는 매거진, 출판사, 기업, 파워블로거 등에게 포스트를 활용해 줄 것을 요청했고, 이들에게서 각 주제판에 적합한 분야별 전문 콘텐츠들을 확보했다. 포스트로 작성된 전문 콘텐츠들은 네이버 메인에 소개되는 것은 물론, 검색에서도 우선적으로 노출되며 많은 사람들에게 알려지기 시작했다.

매거진은 공식 포스트를 통해 일반 뉴스와는 차별된 전문 콘텐츠를 유통하기 시작했으며, 출판사는 출간 도서의 내용을 콘텐츠로 만들어 시리즈로 연재했다. 기업은 브랜드 저널리즘의 도구로 포스트를 적극 활용하면서 상당한 성과를 거두기 시작했다. 지금도 포스트 인기 에디터 순위를 살펴보면, 이와 같은 매거진, 출판사, 기업 에디터가 대부분이다.

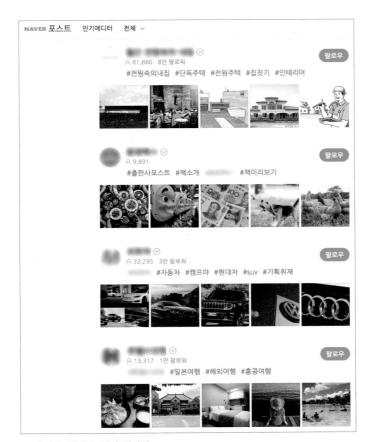

NAVER 포스트 인기에디터 전체 ∨

81,886 8만 팔로워   팔로우
#전원속의내집 #단독주택 #전원주택 #집짓기 #인테리어

9,891   팔로우
#출판사포스트 #책소개   #책미리보기

33,295 3만 팔로워   팔로우
#자동차 #캠프야 #현대차 #suv #기획취재

13,317 1만 팔로워   팔로우
#일본여행 #해외여행 #홍콩여행

▲ 매거진, 출판사, 기업 에디터

일부 개인 에디터들 역시 네이버의 독려에 힘입어, 포스트에서 전문 콘텐츠를 연재하며 파워블로거의 뒤를 잇는 스타에디터로 거듭나는 경우가 생겨났다. 그러나 아직까지 포스트를 또 하나의 블로그로 생각하는 이들이 많다보니 포스트를 제대로 활용하는 경우를 찾기가 힘들다.

TIP

브랜드 저널리즘이란 기업이 타 언론을 거치지 않고 고객 맞춤형 콘텐츠를 직접 제작하고 유통하는 마케팅 전략을 말한다. 실제로 많은 기업이 자체적으로 생산한 전문 콘텐츠를 홈페이지 또는 SNS 채널에 공개해 인지도와 신뢰도를 높이고 있다.

▲ 개인 에디터

개인 에디터들은 단지 검색 노출에 유리하다는 이유로 포스트 운영을 시작하는 경우가 많다. 이들은 블로그와 포스트의 차이를 명확하게 인지하지 못하고 블로그와 비슷하게 운영하다가, 이른바 '대란'이 터지면 자신의 포스트가 검색에 노출되지 않는다며 네이버를 비난하고 운영을 중단하곤 한다. 이런 식의 운영은 시간 낭비일 뿐이다. 검색 노출에 유리한 것을 떠나, 포스트라는 서비스가 본인에게 적합한지를 꼼꼼히 따져보고 운영해야 이런 사태를 피할 수 있다.

결국 네이버는 다양한 사용자들을 만족시킬 수 있는 전문 콘텐츠를 확보하기 위해 포스트를 런칭했다고 볼 수 있다. 이런 기조에 맞게 포스트를 운영한다면 당장은 얻는 것이 없더라도 장기적으로는 분명 성과를 거둘 수 있을 것이다. 그러나 현재의 단편적인 이슈만을 쫓아 포스트를 운영한다면 당장은 얻는 것이 있을지 몰라도 언젠가는 난관에 봉착할 수밖에 없다.

2 _ 포스트에 관한 논란과 진실

포스트에 관한 부정적인 이슈가 많기 때문에 이를 짚고 넘어가고자 한다. 포스트에 관한 가장 큰 논란은 2018년 4월에 발생한 포스트 대란이다. 네이버가 포스트의 검색 노출 기준을 강화하면서 다수의 포스트가 검색 결과에서 사라져 버린 것이다. 네이버는 이 사태에 대해 블로그에만 적용되던 C-랭크를 포스트에도 적용한 것으로 검색 품질을 높이기 위한 조치라고 밝혔지만, 사용자들은 강력하게 반발했다. 반면 공식 인증을 받은 일부 포스트들이 상대적으로 잘 노출되면서 개인 에디터들의 분노가 더욱 컸다.

> **TIP**
>
> '대란'이란 네이버가 검색에 노출될 수 있는 글 또는 블로그, 포스트의 기준을 강화하면서 기존에 잘 노출되고 있던 글들이 순위권 밖으로 밀려나거나 아예 사라지기도 하는 현상을 말한다. 네이버의 입장에서는 사용자들의 검색 만족도를 개선하기 위한 과정이지만 블로그와 포스트를 운영하는 입장에서는 채널 운영에 심각한 위협이 되기 때문에 부정적인 의미로 사용된다.
>
>
> 네이버 저품질 대란? 통계오류? 정답은 없는듯? 2016.10.23.
> 말로만 듣던 10월 저품질 대란에 저도 포함 되는가봐요~ 평균 방문자수는 3000에서... 그리고 19일날 엄청나게 많은 사람들이 네이버 저품질에 관하여 질문을 하고...
> 🖉 악도 ▾
>
> 네이버 포스트 4.25 저품대란에 대한 생각정리 2018.04.29.
> 그리고 오후2시까지 계속 검색을 해보았지만, 네이버검색에서는 검색이 되지 않고... 25 저품대란이 터지고 말았네요. 화도 많이 나고, 그러면서 자책도 했지만, 위기는...

▲ 사용자들이 공식 포스트에 남긴 덧글

그러나 대부분이 잘못 알고 있는 것이 있다. 포스트가 검색에서 제외되었다고 하지만 모든 포스트들이 그런 것은 아니라는 점이다. 네이버의 의도에 맞게 전문적으로 운영되던 포스트들은 이전과 동일하게 검색 결과에 노출되고 있다. 다음은 상업적으로 운영되던 A 포스트와 네이버의 의도에 맞게 전문적으로 운영되던 B 포스트의 통계다. 참고로 B 포스트는 공식 포스트가 아니다.

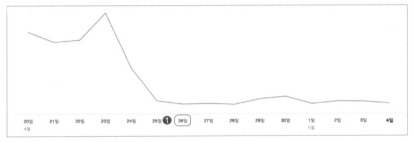

▲ A 포스트의 유입 그래프

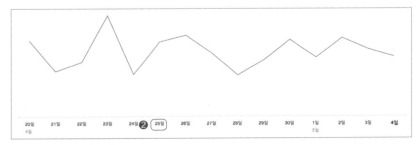

▲ B 포스트의 유입 그래프

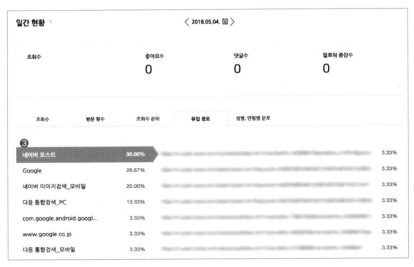

▲ A 포스트의 유입 경로

일간 현황 ?   〈 2018.05.04. 📅 〉

조회수	좋아요수	댓글수	팔로워 증감수
	0	0	0

조회수   방문 횟수   조회수 순위   유입 경로   성별, 연령별 분포

❹

네이버 통합검색_모바일	57.14%		5.79%
네이버 통합검색_PC	23.17%		3.86%
네이버 포스트	10.81%		3.86%
Google	7.34%		2.70%
다음 통합검색_모바일	0.77%		2.32%
네이버 블로그_모바일	0.39%		1.54%
네이버 이미지검색_모바일	0.39%		1.54%

▲ B 포스트의 유입 경로

A 포스트는 25일을 기점으로 유입(❶)이 크게 줄어든 반면, B포스트는 별다른 차이(❷)가 없다. 한 달 후도 마찬가지다. A포스트는 여전히 검색 유입(❸)이 없지만 B포스트는 검색을 통해 꾸준히 유입(❹)되고 있으며 네이버 메인에도 잘 노출되고 있다. 참고로 메인노출은 일종의 가산점을 제공하기 때문에 검색에 조금 더 유리하다.

모든 포스트를 다 확인할 수는 없지만, 지금도 검색에 잘 노출되고 있는 포스트들은 공신력을 인정받은 공식 포스트이거나 꾸준히 네이버 메인에 노출되었을 확률이 높다. 네이버의 의도대로 네이버 메인에 소개할 수 있는 전문 콘텐츠를 꾸준히 작성해온 포스트들은 대란의 영향을 받지 않는 것이다. 이는 앞서 살펴본 포스트의 운영 목적에도 부합하는 부분이다.

다음의 C 포스트를 보자. 대란 이후에 검색 유입에서 제외된 포스트다. 그러나 연속적인 메인노출 이후 검색을 통한 유입이 가능해진 것은 물론, 과거에 비해 일 방문자수가 크게 늘어난 것을 확인할 수 있다.

▲ 메인노출 전 C 포스트의 유입 그래프

▲ 메인노출 전 C 포스트의 유입 경로

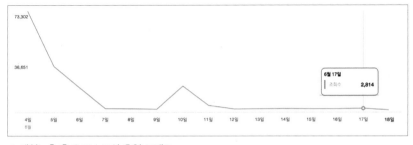

▲ 메인노출 후 C 포스트의 유입 그래프

일간 현황		〈 2018.06.16. 📅 〉		

조회수	좋아요수	댓글수	팔로워 증감수
2,507	4	1	2

조회수	방문 횟수	조회수 순위	유입 경로	성별, 연령별 분포

❶

네이버 통합검색_모바일	79.55%		4.24%
네이버 통합검색_PC	13.17%		3.70%
네이버 포스트	4.57%		3.50%
네이버 메인_모바일	0.82%		3.25%
Google	0.78%		2.67%
네이버 이미지검색_모바일	0.58%		2.18%
네이버 me_모바일	0.16%		2.02%
com.google.android.googl...	0.08%		1.93%
다음 통합검색_모바일	0.08%		1.89%
t.co	0.04%		1.85%

▲ 메인노출 후 C 포스트의 유입 경로

이 포스트는 로직과 관련된 아무런 조치도 취하지 않았지만, 메인노출을 통해 일종의 '최적화'를 이룬 후 검색 유입(❶)이 크게 늘었다. 그러니 포스트가 검색에서 사라졌다고 해서 네이버가 포스트를 버렸다고 생각하지 말자. 지금도 전문 콘텐츠를 작성하는 다수의 에디터들은 네이버 메인은 물론 검색 결과에도 잘 노출되고 있으니 말이다.

많은 사용자들이 포스트를 열심히 운영했지만 네이버가 한 순간에 자신들을 버렸다며 억울함을 토로한다. 그러나 그들의 포스트를 들어가 보면 블로그에서 볼 수 있을법한 포스팅이 대부분인 것을 확인할 수 있다. 네이버의 입장에서는 이런 사용자들이 포스트를 떠나 블로그에만 집중하기를 바랄 것이다.

물론 공식 인증을 받고 상업적으로 활용되는 포스트들이 특혜를 누리는 것은 해결해야 할 문제다. 네이버는 분명 이들을 가만히 놔두지 않을 것이다. 그들의 말대로 검색 결과를 개선하기 위한 것이 목적이라면, 공식 인증을 받은 상업 포스트들도 다시 한 번 점검해야 할 것이다.

▲ 2,000개가 넘는 공식 포스트

정리해보자. 포스트에서 블로그와 다를 바 없는 광고성 콘텐츠를 작성하던 사용자들은 포스트 운영을 중단하는 것이 맞다. 그것이 네이버의 의도일 것이며, 장기적으로 봤을 때 에디터의 입장에서도 포스트는 빨리 포기하고 블로그에 집중하는 것이 효과적이다.

그러나 포스트에서 분야별 전문 콘텐츠를 작성하고 있는 에디터들은 이같은 변화에 흔들리지말고 꾸준히 운영하면서 네이버가 필요로 하는 부분에 초점을 맞춰야 한다. 네이버가 포스트를 통해 얻고자 하는 것은 분야별 전문 콘텐츠이기 때문에 꾸준히 한다면 분명 좋은 기회가 찾아 올 것이다.

3 _ 네이버가 포스트를 절대로 버릴 수 없는 이유

포스트는 런칭 초기부터 서비스 종료에 대한 우려가 있었다. 당시 네이버가 신규로 런칭했던 서비스 다수가 운영 종료되었기 때문이다. 그러나 우려와는 달리 포스트는 꾸준히 운영되었고 현재 어느 정도 자리를 잡았다. 그러나 포스트에도 C-RANK가 적용돼 상당수의 포스트가 검색에서 제외되면서 다시 한 번 서비스 종료에 대한 우려가 불거지고 있다. 하나의 채널을 운영하기 위해서는 상당한 시간과 노력이 들어가기 때문에 신중하게 결정해야 한다. 그러나 크게 두 가지 이유에서, 포스트는 안심하고 운영해도 되는 서비스라고 단언할 수 있다.

첫째, 네이버는 블로그와 구분되는 전문 콘텐츠 유통 플랫폼이 필요하다.
최근 유튜브의 강세로 동영상을 강조한 블로그에 힘을 실어주고 있지만, 블로그는 어디까지나 일반 사용자들을 위한 것이다. 블로썸 프로젝트에서 공개한 내용을 살펴보면, 브이로그 동영상 활용을 독려하고 광고 수익을 개선하며 AI 글쓰기 도구를 제공하는 등 대부분이 기업이 아닌 개인 사용자를 위한 업데이트임을 알 수 있다.

▲ 블로그 업데이트 로드맵

네이버는 과거 포스트를 통해 블로그 사용자들 중 전문적인 콘텐츠를 생산하는 이들을 포스트에서도 글을 쓸 수 있게 하려고 했으나, 만족할 만한 성과를 거두지는 못했다. 스타에디터 제도를 포함해 다양한 지원 정책을 펼쳤지만 포스트의 입지를 굳혔다고 하기에는 무리가 있다. 그러나 기업과 미디어의 포스트 운영 참여와 성과는 두드러진다. 포스트 인기 에디터 대부분이 개인이 아닌 기업과 미디어라는 것만 봐도 이를 알 수 있다.

네이버 메인에서도 블로그로 작성한 글이 주로 노출되는 주제판이 있는가 하면 포스트로 작성한 글이 더 많이 노출되는 주제판이 존재한다. 개인의 후기와 의견이 필요할 때는 블로그가, 전문가의 콘텐츠가 필요할 때는 포스트가 더 적합하기 때문이다. 이처럼 네이버는 포스트를 전문 콘텐츠 유통 플랫폼으로서 이미 잘 활용하고 있다.

포스트는 굳이 개인 에디터들에게 기대지 않아도, 주 사용층인 기업과 미디어가 잘 활용하고 있으며 어느 정도 활성화 되어 있기 때문에 블로그처럼 대외적으로 사용을 독려하고 어필할 필요가 없다. 이미 포스트를 '제대로' 운영하는 사용자들이 가시적인 성과를 내고 있기 때문에 서비스가 종료되는 일은 결코 없을 것이다.

둘째, 네이버는 포스트를 운영하는 기업 및 미디어들과 긴밀한 관계를 유지하고 있다.

네이버 포스트에는 각종 브랜드, 미디어 등 다양한 기업들이 참여한 상태다. 네이버는 이들이 포스트를 통해 콘텐츠를 제공하는 대신 네이버 메인 노출을 지원하고 있으며 포스트가 성장할 수 있도록 지원을 아끼지 않고 있다. 포스트가 지극히 개인들만을 위한 서비스였다면 없앨 수 있었을 지도 모른다. 그러나 지금의 포스트는 다수의 기업들과의 이해관계가 얽혀 있고 기업들 역시 이미 상당한 시간을 투자했기 때문에 쉽게 종료될 수 없다.

포스트 운영사의 절반 이상이 미디어다. 개인 포스트 사용자들의 반발은 무시할 수 있을지 몰라도, 포스트를 운영하는 언론사들의 반발은 결코 무시할 수 없을 것이다. 이를 무시하고 포스트 서비스를 종료한다면, 비즈니스 적으로도 문제가 되고 언론사의 집중 공격을 받을 수 있다. 포스트는 이미 이들에게 또 하나의 매체이기 때문에 폴라와 미투데이 같은 개인을 위한 서비스를 종료하는 것과는 차원이 다르다.

TIP

네이버는 2016년부터 일부 주제판의 운영권을 언론사 및 기업과의 합작회사에 넘겨주었다. 2016년 2월, 조선일보와 네이버의 합작회사인 잡스엔이 잡앤판을 운영하는 것을 시작으로 현재 10개가 넘는 합작회사가 다양한 주제판을 직접 관리하고 있다. 이들 중 대부분이 대표 채널로 포스트를 운영하고 있기 때문에 서비스가 중단되면 운영권을 기반으로 활성화한 채널 자체가 사라지는 것이기 때문에 이들의 반발 때문이라도 포스트는 중단될 수 없을 것이다.

▲ 포스트를 운영 중인 언론사들

네이버는 이미 국내 주요 언론사들과 네이버 메인 주제판 운영과 관련된
계약을 체결해 운영 권한을 일부 넘겨줬고 포스트는 메인노출과 밀접한
관련이 있는 상태다. 주요 언론사들은 이미 포스트 운영에 막대한 비용과
시간을 투자했기 때문에 이렇게 판이 커진 상황에서 포스트를 종료하는
일은 있을 수 없다. 그러니 포스트 운영 종료에 대한 걱정을 하기보다 어
떻게 더 적극적으로 활용해서 더 많은 기회를 가져갈 수 있을지 고민해보
는 것이 좋을 것이다.

02

포스트 운영가이드

포스트에 대한 오해가 풀렸다고 해서 무작정 포스트를 운영해서는 안 된다. 블로그와 포스트의 근본적인 차이를 살펴본 후 포스트 운영을 결정해야 할 가장 중요한 요소는 무엇인지, 본인에게 포스트 운영이 적합한지 아닌지를 따져본 후 시작하는 것이 좋다.

1 _ 블로그와 포스트는 어떻게 다를까?

많은 이들이 알고 있듯이, 블로그는 누구나 자신의 일상을 기록하고 정보를 공유할 수 있는 서비스다. 이미 수많은 블로거들이 블로그를 통해 다른 사람들과 소통하고 있으며, 사용자가 커스터마이징할 수 있는 요소도 많아 홈페이지 대신 활용되기도 한다. 네이버는 이렇게 친숙하고 잘 알려진 서비스를 놔두고 왜 군이 포스트를 새롭게 런칭했을까? 초기에는 포스트가 모바일에 특화된 서비스라는 점이 핵심이었다. 네이버의 전폭적인 지원을 받으며, 포스트는 블로그의 대체재로 상당한 주목을 받았다. 그러나 현재는 블로그와 공존하며 닮은 듯 다른 각자의 노선을 걷고 있다.

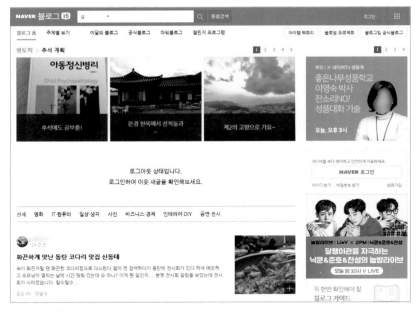

▲ 블로그홈(https://section.blog.naver.com)

▲ 포스트홈(http://post.naver.com)

네이버 검색창에 블로그와 포스트를 각각 검색해보면 두 서비스의 차이
와 독립적으로 운영되는 이유를 확인할 수 있다. 먼저 블로그를 검색해보
자. '나의 하루가 기록되는 공간. 소소한 일상도 블로그에 담는 순간 멋진
기록이 됩니다.' 라고 소개되어 있으며 이는 대부분의 사용자들이 블로그
를 활용하는 형태와 일치한다. 개인의 기록을 타인과 공유하면서 소통하
는 것이 목적인 것이다.

▲ 블로그 소개글

포스트는 어떨까? '콘텐츠 전문가를 위한 플랫폼입니다. 전문에디터라면
포스트에서 글을 작성해보세요!' 라고 소개되어 있다. '소통'과 '정보제공'

이 목적인 블로그와 달리, 포스트는 '전문 콘텐츠'가 핵심인 것이다. 그러나 대부분의 개인 에디터들은 이를 명확하게 인지하지 못한 상태에서 포스트를 시작하며, 포스트를 제대로 활용하지 못하고 있다.

▲ 포스트 소개글

블로그와 포스트의 구조를 비교해보면 두 서비스의 차이를 좀 더 명확하게 알 수 있다. 오랜시간 발전하며 사용자의 입맛대로 변경할 수 있는 부분이 많은 블로그는 다소 복잡한 형태를 띄고 있다. 목차와 세부목차를 만들고 다양한 배너를 추가할 수 있으며 레이아웃을 변경해 홈페이지와 유사한 형태로 꾸밀 수도 있다.

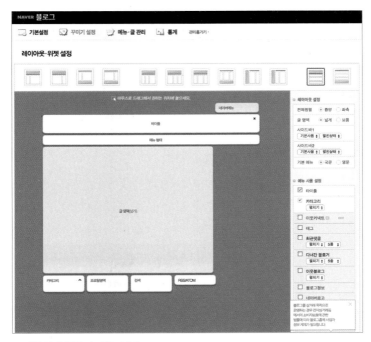

▲ 다양하게 꾸밀 수 있는 블로그

포스트는 어떨까? 사용자가 꾸밀 수 있는 것이라고는 프로필 사진과 커버 사진뿐이다. 블로그가 다양한 세부 목차를 만들 수 있었던 것과 달리 시리즈로만 구분되며 레이아웃을 변경할 수도 없다. 초기에는 블로그는 PC 웹에, 포스트는 모바일웹에 적합하다고 알려져 있었지만 이제는 두 서비스가 동일한 스마트에디터를 사용하고 있기 때문에 이 부분은 사실상 큰 의미가 없다.

▲ 꾸밀 수 있는 요소가 거의 없는 포스트

두 서비스의 차이를 좀 더 살펴보자. 블로그는 이웃과 소통하기에 적합한 구조를 갖추고 있다. 이웃과 서로이웃이라는 개념으로 관계를 맺으며 본인의 취향에 따라 외형을 얼마든지 변경할 수 있다. 블로그는 각각의 포스팅이 중심이 된다기보다 블로거 개개인의 다양한 취향을 보여주는데 적합한 것이다. 그러나 포스트는 콘텐츠와 시리즈가 가장 두드러지며 콘텐츠를 작성하는 에디터를 어필할 수 있는 부분은 프로필에 그친다. 관계 역시 이웃이 아닌 에디터를 팔로우하는 형태다. 엠블럼을 추가하거나 스킨을 씌울 수 없기 때문에 전체적으로 콘텐츠가 돋보이는 구조라 할 수 있다.

▲ 블로그의 이웃

▲ 포스트의 팔로워

한 때는 블로그가 포스트에 통합되거나 그 반대의 경우가 있을지도 모른다는 우려가 있었다. 그러나 현재는 두 서비스가 독립적으로 운영되고 있으며 대부분의 개인 에디터들이 둘을 혼동하는 것과 달리 포스트의 주 사용층인 언론사와 기업은 포스트를 목적에 맞게 잘 활용하고 있다.

▲ 포스트를 잘 활용하고 있는 인기 에디터

정리를 해보자. 블로그는 개인의 취향과 일상을 다양한 형태로 보여주는데 최적화되어 있으며 포스트는 전문가가 자신의 콘텐츠를 보여주는데 최적화되어 있다. 물론 지금도 포스트를 블로그와 유사한 형태로 운영하면서 성과를 얻는 이들이 존재한다. 그러나 네이버는 앞으로도 꾸준히 자신들이 생각한대로 포스트와 블로그의 완성도를 높여갈 것이기 때문에 현재 상황만 고려해 포스트를 운영해서는 안 된다. 당장은 문제가 없을지 몰라도 네이버가 서비스를 개선해 나갈 때마다 어려움을 겪게 될 것이다.

▲ 포스트에 적합하지 않은 포스팅

2 _ 포스트 운영을 결정해야 할 단 하나의 기준

앞서 살펴본 것처럼 포스트는 모든 이들에게 적합한 서비스는 아니다. 블로그는 '누구나 글을 쓸 수 있는 공간'이지만 포스트는 '소수의 전문 에디터를 위한 공간'이다. 앞으로 포스트에 어떤 변화가 있더라도 이 사실을 절대 잊어선 안 된다. 네이버가 앞으로 어떤 지원 정책을 꺼내들더라도 본인의 상황에 포스트가 적합하지 않다면 운영하지 않아야한다.

포스트 운영을 결정할 때 해야 할 가장 중요한 질문은 '전문 콘텐츠를 꾸준히 생산할 수 있는가?'이다. 블로그는 애초에 모두를 위한 서비스이기 때문에 개인이라면 일상글과 정보글을, 기업이라면 공지 및 내부 소식과 고객들에게 도움이 되는 정보글을 작성할 수 있다. 그러나 포스트는 전문가들을 위한 콘텐츠 플랫폼을 지향하기 때문에 일상 글이 아닌 전문 콘텐츠를 발행해야 한다. 일상글의 비중이 높거나 전문 콘텐츠를 꾸준하게 작성할 수 없다면 포스트를 운영할 것이 아니라 블로그에 집중해야 한다.

🖋 TIP

포스트홈에서 소개되고 있는 인기 포스트들을 방문해보면 블로그에서 볼 수 있는 일상 글이나 후기글은 찾아볼 수 없다. 홍보 배너를 걸고 있을지는 몰라도 기존에 작성한 글은 다 기사에 가깝다. 이 포스트들처럼 콘텐츠 자체에 집중해 전문적인 콘텐츠를 꾸준히 쓸 수 없다면 포스트는 운영하지 않는 것이 낫다.

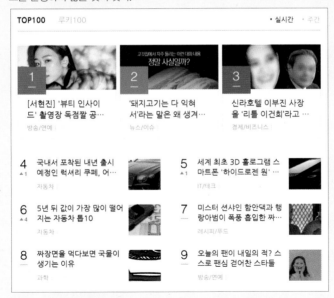

비즈니스
—
매일 매일 펼쳐지는
비즈니스 아이디어와
지혜의 보물창고
㈜인터비즈

'쇼룸' 피팅은 여기서, 주문은 온라인에서만?
경영전략

'괜찮아요?' 어느 날 로봇이 내게 안부를 물어왔다
테크 인사이드

절대 아니죠
금전적 보상만으론 부족, 의욕 높이는 '느낌'에 주목하라
인사이트

IoT시대 누군가 건강기록을 훔쳐보고 있다
UL KOREA   AD

"하고 싶은데 왜 안 해?" 괴짜 CEO 리처드 브랜슨
리더십

'4500만 원 짜리 PC'...몰락한 벤처신화 모뉴엘
브랜드 흥망사

우유빛깔 음료대전! 밀키스 VS 암바사
음료 바이블

영어 말하기의 강약조절 touch upon!
통하는 영어를 해라

상권 분석? 기존 공식은 무너졌다...이 앱 때문에
Biz issue

매일 매일이 월급날? 美,日 '급여 선불 서비스' 확산
조직관리

이라크 전쟁 전에 파월이 던진 8가지 전략형 질문
자기계발

수출길 막힌 한국 게임, 중국업체들은 어떻게 생각하나
글로벌 비즈니스

유튜브 프리미엄? 대세는 '정액제 서비스'
이동우의 10분 독서

"자넨 도대체 뭘 한거야?" 상사의 잔소리 피하는 법
비즈니스 꿀팁

AI스피커로 요리하며 검색, 쇼핑까지 이어질까?
경영혁신

▲ 중요한 것은 전문 콘텐츠

블로그와는 별개로 전문 콘텐츠만 엄선한 미디어를 키우고 싶다면 포스트가 제격이다. 블로그가 공식 홈페이지의 역할을 대신할 수 있는 서비스라면 포스트는 전문 미디어의 역할을 대신할 수 있는 서비스이기 때문이다. 이를 가장 명확하게 알 수 있는 것이 포스트에 있는 베스트 댓글 기능이다. 블로그에 달리는 댓글은 최신순으로만 보이며 공감수가 많은 댓글이 있다고 해서 그걸 우선적으로 보여주지는 않는다. 댓글로 안부를 주고받는 것이 목적이기 때문이다.

댓글쓰기

좋은 정보 감사합니다! 놓치기 쉬운 부분인데 알기 쉽게 잘 정리되어 있어서 많은 도움 되었어요!

2018.8.8. 05:55

답글   ♡ 1

안내고 안받고 싶다!!정부는 국민의 상대로 사기치는중!!
2018.8.8. 06:16

답글   ♡ 11

내자신의 건강과 그들의 재정성이 일치해야 받을수 있다나 뭐라나?

2018.8.8. 07:43

답글   ♡ 3

공무원 대주는연금 이거 깨부수어야한다
2018.8.8. 07:59

답글   ♡ 3

▲ 블로그의 댓글창

그러나 포스트는 뉴스 기사에서 볼 수 있는 베스트댓글 기능을 제공한다. 초기에는 댓글이 달린 순서대로 보여주다가 특정 댓글에 공감수가 많아지면 베스트댓글 기능이 활성화돼 순공감수가 높은 댓글 순으로 보여준다. 이는 콘텐츠에 대한 대중의 의견을 그대로 드러내기 때문에 블로그 포스팅보다 더 책임감 있게 콘텐츠를 제작하게 만드는 장치가 되기도 한다. 물론 댓글 기능을 비활성화하거나 최신순으로만 노출되게 할 수도 있다.

🖋️ TIP

2018년 8월 22일부터 글 성격에 따라 원하는 댓글을 선택해서 발행할 수 있도록 변경되었다. 조회수가 높거나 재치있는 주제의 글일 경우 BEST 댓글을, 다양한 독자의 생생한 반응이 중요하다면 최신순 정렬을, 간단한 공지나 댓글에 대응할 수 없을 때는 댓글 비허용을 각각 선택할 수 있다.

✓ BEST댓글 전체댓글

enig****
BEST 해당사항이 하나도 없는데 돈이 안 모이는 이유는? ㅜㅜ
2018·08-08 05:52   신고

답글 29   👍 367   💬 57

jina****
BEST 없어야 할 것만 적어놓고 해야 할 것은 없네요. 직장인들의 대다수는 그렇게 낭비하지 않습니다. 직장인들이 부자가 되기 힘든 이유는 소득이 적어서 종자돈이 모이지 않기 때문입니다. 커피 한 잔 나를 위한 선물이라고 생각하고 과감히 드시고, 차라리 출근하면 돈내나 켜두는 습관부터 들이세요. 나도 모르게 새나가는 내 월급과 수당도 관리 못하면서 필요최소한도의 헬스비용이나 커피값까지 아끼라니요.
2018·08-09 10:50   신고

답글 6   👍 86   💬 16

yuri****
BEST 사람이 적당히 누릴거 누리고 살게 해줘야지 숨만쉬고 밥만처먹고 사는게 사람삶이냐
2018·08-08 16:41   신고

답글 6   👍 77   💬 8

altn****
BEST 진짜 공감가는 글은 딱 하나네. 저거 다 아는 얘기고 돈내나 어플써서 내가 받아내야 할 돈 제대로 받고나서 다른 걸 끊던지 말던지 해야지. 회사는 절대로 자기 불리한 얘기는 나한테 안해줌. 내 돈은 내가 챙겨야 함.
2018·08-09 10:52   신고

답글 5   👍 58   💬 8

jiko****
BEST 절약해도 부자는 안 됨
절약하느냐고 고생하면 골병
2018·08-08 18:26   신고

답글 1   👍 42   💬 8

▲ 포스트의 댓글창

개인과 기업을 막론하고 전문 콘텐츠를 발행하는 미디어를 구축해 영향력을 키우고 싶다면 특정 주제에 특화된 포스트를 운영하는 것이 좋다. 인기에디터 순위를 살펴보면 이미 다수의 기업들이 홈페이지처럼 운영하는 블로그와는 별개로, 포스트를 미디어처럼 운영하고 있다는 것을 확인할 수 있다.

최근에는 기존에 없던 영역을 파고들어 브랜드를 만들어가고 있는 미디어형 포스트들도 속속 등장하고 있다. A사는 음료에 대한 전문 포스트를, B사는 1인가구에 대한 전문 포스트를 운영하고 있다. C사는 이미 오래전부터 라이프스타일에 관한 전문 포스트를 운영하고 있다. 홈페이지는 물론 포스트, 페이스북, 카카오톡 채널 등 다양한 서비스에 콘텐츠를 등록한 후 홈페이지로 유입시키고 있다.

이들처럼 포스트를 제대로 활용한다면 기업의 경우 자사를 효과적으로 어필할 수 있는 미디어를 구축할 수 있으며, 개인이라면 자신의 전문성을 드러낼 수 있는 매거진을 만들 수 있다. 그러니 단지 유행 때문에, 들리는 소문이 좋다고 해서 포스트를 무작정 운영해서는 안 된다.

▲ 신규 에디터들

네이버는 지속적으로 전문 콘텐츠를 강조하고 있는데 전문의 기준이 명확하지 않다보니 많은 이들이 각자 다르게 받아들이는 듯하다. 실제 전문가가 쓴 콘텐츠, 정성들여 쓴 콘텐츠, 상업적이지 않은 정보성 콘텐츠, 로직에 맞게 작성한 콘텐츠 등 의견이 분분하다.

필자가 경험한 바에 따르면 전문 콘텐츠란 '네이버 메인에 소개될 수 있는 콘텐츠'다. 네이버가 전문 콘텐츠를 원하는 이유는 검색 결과의 질을 높이는 것은 물론, 네이버 메인에 소개할 수 있는 주제별 콘텐츠가 필요하기 때문이다. 앞선 레슨을 통해 소개한 사례 외에도 네이버 메인 화면에 꾸준히 소개되고 있는 포스트들이 대란의 영향을 받지 않고 오히려 더 성장하는 모습을 보이고 있다는 것이 그 증거다.

▲ 성장을 위해 반드시 필요한 메인노출

아무리 열심히 만든 콘텐츠라 하더라도 네이버 메인화면에 소개될 수 없는 콘텐츠들은 네이버의 입장에서는 전문 콘텐츠가 아닐 수 있다. 필자는 이미 다수의 기업 및 개인 포스트의 운영을 지도하면서 메인노출이 가르는 명확한 차이를 보아왔기 때문에 확신을 가지고 말할 수 있다.

우리는 검색에 노출되기 위해 네이버의 로직에 맞는 콘텐츠를 작성하는 데 공을 들이고 있다. 그러니 검색결과보다 더 큰 의미를 갖는 네이버 메인에 소개되기 위해서 그 이상의 노력이 필요한 것은 어쩌면 당연한 일이다. 포스트를 제대로 운영하고자 한다면 네이버 메인의 서른개가 넘는 주제판 중 어떤 곳에 본인의 콘텐츠가 노출될 수 있을지 깊이 고민해봐야 할 것이다.

3 _ 포스트 운영이 적합한 경우 VS 적합하지 않은 경우

포스트가 모든 이들에게 적합한 채널은 아니다. 포스트 운영이 적합한 경우가 있는가 하면, 그렇지 않은 경우도 있다. 개인과 기업에도 차이가 있으며 비슷한 업종이라고 해도 채널 운영 목적에 따라 적합도가 달라진다. 다음 내용을 토대로 포스트가 본인에게 적합한지 따져보자.

3-1 포스트 운영이 적합한 경우

❶ 자신만의 전문 콘텐츠 채널을 만들고 싶을 경우

우리는 블로그에 일상글, 후기글, 전문 콘텐츠 등 다양한 글을 작성한다. 블로그 자체가 개인의 솔직한 의견을 전하면서 취향과 관심사를 보여주는데 적합하기 때문에 전문적으로 작성한 콘텐츠가 있다고 하더라도 이를 어필하기가 쉽지 않다. 그러나 포스트를 통해 이런 콘텐츠만 별도로 쌓아갈 경우 블로그와는 다른 하나의 전문 매체로 키울 수 있다. 실제로 몇몇 블로거들은 블로그 운영과는 별개로 전문 콘텐츠를 담은 포스트 운영을 통해 네이버 메인은 물론 카카오톡 채널에도 정식으로 콘텐츠를 공급하고 있다. 자신있게 다룰 수 있는 전문 분야가 있다면 포스트를 활용해보도록 하자.

❷ 대외적으로 보여줄 수 있는 공식 채널이 필요한 경우

포스트를 운영하는 기업들이 늘고 있다. 포스트와 블로그의 서로 다른 활용법을 잘 알고 있어 이를 활용하기 위해서거나, 확신은 없지만 마케팅을 성공적으로 진행하는 다른 기업들이 운영을 하니 따라 하는 것일지도 모른다. 그러나 분명한 것은 브랜딩을 적극적으로 하려는 의지가 있는 기업들은 대부분 포스트를 운영하고 있으며 그 중 일부는 네이버 메인 화면에 꾸준히 노출돼 네이버에서 얻을 수 있는 가장 의미있는 가치를 창출하고 있다는 점이다. 유튜브가 주목을 받고 있는 상황에서도 네이버 메인 화면 은 유튜브와는 다른 고정 독자층이 존재하기 때문에 많은 기업들이 포스 트를 적극 운영하고 있다.

❸ 네이버에 노출되기 위해 언론사의 도움을 받는 경우

많은 기업들이 네이버에 노출되기 위해 언론사에 기사를 의뢰한다. 기업 과 홍보대행사에서는 한 번이라도 더 자사 상품이나 서비스가 기사화 될 수 있게 매체별로 기자들을 관리하기도 한다. 그러나 포스트를 제대로 운 영한다면 이런 과정없이 하나의 매체가 되어 네이버에 직접 노출할 수 있 다. 메이저 매체의 공신력이 필요한 것이라면 몰라도, 단지 네이버에 노 출되어 더 많은 사람들에게 알려지는 것이 목적이라면 포스트로 작성한 콘텐츠의 메인노출을 통해 얼마든지 많은 고객들을 직접 만날 수 있다.

❹ 브랜드를 알리면서 잠재 고객을 꾸준히 유입하고 싶을 경우

국내 최대 포털인 네이버 메인화면은 하루 3천만 명이 들여다보는 곳이 다. 포스트는 바로 이 네이버 메인화면에 노출하는데 특화되어 있는 서비 스다. 포스트 운영을 통해 자사 브랜드에 적합한 주제판에 콘텐츠를 노출 할 경우, 타겟팅된 수백만 명의 고객들에게 상품과 서비스를 어필하고 브 랜드 인지도를 높일 수 있으며 지속적인 메인노출을 통해 브랜드의 인지 도는 물론 신뢰도까지 끌어올릴 수 있다.

3-2 포스트 운영이 적합하지 않은 경우

❶ 검색 상위노출이 목표인 경우

꾸준히 네이버 메인에 노출될 경우 검색 상위노출에도 도움이 된다는 점 때문에 포스트를 운영해서는 안된다. 검색을 통한 키워드 상위노출이 필요하다면 블로그를 운영하거나 상위노출을 전문으로 하는 마케팅 업체를 이용하는 편이 더 낫다. 블로그에 비해 포스트가 상위노출에 유리한 것도 아니며 만족할 만한 상위노출과 메인노출이 공존하는 것은 쉬운 일이 아니기 때문이다. 메인노출을 우선으로 생각하고 상위노출도 되면 좋겠다고 생각한다면 도움이 될지 몰라도, 검색 노출이 주 목적이라면 시작하지 않는 것이 좋다. 포스트는 검색 상위노출을 위해 탄생한 서비스가 아니라는 점을 명심하도록 하자.

❷ 직접적인 홍보글을 네이버 메인에 띄우고 싶은 경우

불가능한 일이다. 네이버 메인화면에는 직접적인 홍보 콘텐츠가 절대 노출되지 않으며, 오직 자사 상품이나 서비스를 자연스럽게 녹여낸 콘텐츠만이 노출될 수 있다. 현명한 기업이라면 이미 직접적인 홍보가 무의미하다는 것을 잘 알고 있을 것이다. 네이버 메인을 살펴보면 광고 상품이 아닌 이상 그 어떤 직접적인 홍보글도 찾아볼 수 없다. 그렇다고 해서 홍보를 할 수 없는 것은 아니다. 많은 언론과 미디어처럼 홍보가 자연스럽게 섞인 콘텐츠를 기획해 노출할 수는 있다. 그러니 블로그에서 작성했던 홍보 글이 네이버 메인에 뜰 것이라는 기대는 버리도록 하자.

❸ 메인노출을 통해 단기간에 매출 향상을 원하는 경우

포스트는 장기적으로 꾸준히 운영해야 하는 채널이다. 대놓고 홍보할 수 있는 곳이 아니기 때문에 단기간의 운영으로 매출 향상을 기대하기는 힘들다. 메인노출을 통해 수백만 명의 타겟팅 된 잠재 고객들에게 자사 브랜드를 더 많이 알릴 수 있다는 것이 강점이지만, 이를 통해 단기간에 매출 향상을 기대하는 것은 어렵다. 물론 패션뷰티판, 테크판 등 일부 주제판의 경우 상품 그 자체가 콘텐츠가 되기 때문에 어떻게 접근하느냐에 따라 기대효과가 달라질 수는 있다.

LESSON

03

포스트 활용가이드

포스트를 제대로 운영하는 경우는 극소수에 불과하다. 포스트를 200% 활용하기 위해서는 어떻게 해야 하는지, 포스트 활용법에는 어떤 것들이 있는지, 포스트 운영의 4단계는 무엇인지 하나씩 살펴보도록 하자.

1 _ 포스트 200% 활용법

이미 많은 기업들이 기존 미디어를 거치지 않고 고객 맞춤 콘텐츠를 직접 생산하고 유통해 자체적으로 미디어를 구축하는 브랜드 저널리즘을 진행하고 있다. 과거에는 언론사를 통하지 않으면 고객에게 원하는 정보를 제공할 수 없었지만, 최근에는 다양한 SNS를 통해 고객과 직접 소통할 수 있는 방법이 생기면서 기업 내부적으로 미디어룸을 운영하는 사례가 늘고 있다.

포스트는 이런 기업들이 가장 적극적으로 활용하는 서비스 중 하나다. 네이버 포스트에 콘텐츠를 등록하면 네이버 메인노출을 통해 수많은 잠재고객들에게 기업이 원하는 정보를 전달할 수 있기 때문이다. 특히나 네이버 메인은 사용자들의 취향을 고려한 서른 개 이상의 주제판으로 구분되어 있어 명확한 타겟팅이 가능하다.

테크	리빙	경제M	영화	푸드
JOB&	패션뷰티	자동차	여행+	건강
동물공감	게임	책문화	FARM	부모i
중국	연애·결혼	디자인	비즈니스	공연전시
스쿨잼	법률	웹툰	스포츠	TV연예
감성충전	과학	함께N	뮤직	

▲ 타깃 구분이 명확한 네이버 메인 주제판

> **TIP**
>
> 2018년 10월 기준, PC 메인은 29개의 주제판을 제공하며, 모바일 메인은 37개의 주제판을 제공한다. 모바일 메인의 경우 스마트폰에 특화된 주제판이 일부 추가된 것이기 때문에 큰 차이는 없다.

네이버 메인은 어떻게 구성되어 있을까? 네이버 모바일 메인은 서른 개가 넘는 주제판이 존재하며 사용자가 원하는 주제판만 선택해 볼 수 있다. 네이버 PC 메인은 화면 중앙에 약 서른 개의 주제판이 노출되며 기본적으로 전체 주제판이 임의로 노출된다. 물론 사용자가 원하는 주제판만 선택하는 것도 가능하다. 이 두 영역에 블로그 또는 포스트로 작성한 콘텐츠가 노출되는 것이 메인노출이다. 포스트를 제대로 활용하기 위해서는 바로 이 메인노출이 절대적으로 필요하다.

▲ 모바일 메인노출 콘텐츠

🔖 TIP

메인노출되는 콘텐츠는 크게 두 가지 방식으로 선정된다. 주제판별 담당자가 직접 선정하거나 네이버의 인공지능 기반 콘텐츠 추천 서비스인 에어스(AiRS · AI Recommender System)를 통해 추천된다. 에어스를 통한 추천은 일부 주제판에서 부분적으로 시행되었지만 2018년 10월에 시작된 네이버 모바일 앱 메인 개편을 통해 보다 폭넓게 활용될 예정이다.

▲ PC 메인노출 콘텐츠

메인노출이라는 용어가 익숙하지 않기 때문에 상위노출과 혼동될 수도 있다. 우리에게 익숙한 상위노출이 검색 결과 첫 페이지에 뜨는 것이라면, 메인노출은 검색 없이도 네이버 메인 화면의 다양한 주제판에 뜨는 것을 말한다. 보통 '네이버 메인에 소개되었다', '네이버 메인에 실렸다' 등으로 표현되지만 굳이 용어로 정리를 하자면 네이버 메인 화면에 노출되는 것이기 때문에 '메인노출'이 가장 적합하며 '주제판 노출'이라고 해도 좋다.

블로그 1-10 / 148,576건

네이버메인노출 이렇게 하는 거였구나 2018.07.14.
혼자서도 할 수 있는 네이버 메인노출 마케팅 작가 바이컴퍼니 출판 앤써북 발매 2018.06.25. 평점 리뷰보기 국내 최초 네이버메인노출 전문가의 숨겨왔던 노하우 전격...
블로그 내 검색

일상::블로그차트 뷰티순위19위,네이버 리빙판 메인 노출 2018.07.28.
리빙판 메인에 노출이 된다며, 네이버님,, 감사합니다.,꾸벅,,,, 예전 포스팅인데도 좋은 정보성 컨텐츠라고 생각된 DIA 로직이 제 포스팅을 메인노출하게 해주었답니다.....

이젠 나도 네이버메인노출에 도전할 때! 2018.06.25.
꾸준히 다시 관리를 해서 그런지, 유입자 수도 기하급수적으로 오르고 상위노출에.. 요즘 네이버메인노출에 관심을 가지면서 매번 네이버메인을 주시하고, 또 거기에...
블로그 내 검색

네이버 푸드 메인 노출! 깜짝 선물 모음 2018.08.14.
푸드 메인에 노출이 된다는 쪽지, 여름 되기 전에 올렸던 닭복음탕이네요. 바깥 활동을 안 하고 집에서 요리를 하니 얻어진 성과~ㅎ 푸드팀에서 알려준 대로 정해진...

네이버 메인에 노출된 리뷰들을 모아 보았습니다 2018.04.29.
제품 리뷰 네이버 메인 노출 좋아하는 분야가 IT 전자제품이다 보니 여러 제품들을 직접 사용해보면서 남겼던 리뷰들이 자주 네이버 메인에 노출이 되었다특히...
블로그 내 검색

7월 한달 뷰티패션 메인 에어스 노출이 16번이나 되었어요! 2018.07.29.
사실이고, 메인에 노출되는 분들이 부러웠어요. 벌써 7월. 뷰스타가 되고, 벌써 7개월이 되었는데, 이제서야 메인 노출이 되기 시작했더라구요. 그 전까지는 상위노출은...

네이버 메인 노출 2018.01.07.
1월 4일에도 계속 네이버 PC 와 모바일 메인에 노출되면서 하루 전보다 더 많은 방문자수를 기록하게 됩니다. 그리고 1월 5일 금요일 오후 1시 쯤, 제 글이 메인 노출에서...

▲ 메인노출 후기 포스팅

포스트를 제대로 운영하는 에디터들은 메인노출을 적극적으로 활용하고 있다. 국내 주요 통신사의 실무자는 한 매체와의 인터뷰에서 '네이버 포스트는 모바일 검색에는 효과적이지 않았지만 네이버 메인의 다양한 주제판에 소개될 수 있었으며, 약 2개월 동안 60여 회에 달하는 메인노출을 경험한 이후 더 적극적으로 운영하고 있다'며 포스트로 거둔 성과를 구체적으로 언급한 적이 있다.

이는 수많은 사례 중 극히 일부일 뿐이다. 포스트홈의 TOP100에 반복적으로 소개되는 인기 에디터들은 이보다 훨씬 더 큰 성과를 거두고 있으며, 필자가 그 동안 담당했던 기업 포스트들 역시 눈에 띄는 성과를 거둔 바 있다. 필자의 경우 지금까지 50여 개 이상의 기업 포스트를 운영 및 지도하면서 월 최대 70회, 누적 1천 회 이상의 메인노출을 달성했으며, 포스트 개설 이후 단 한 번도 메인노출이 중단된 적 없는 사례도 많다.

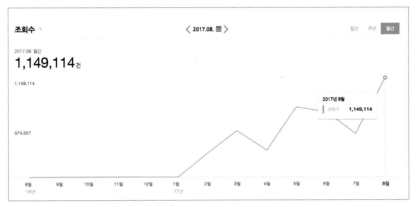

▲ 포스트 메인노출 유입 통계

필자가 파악한 바에 따르면 많은 기업들이 하나 이상의 포스트를 운영하고 있다. 직접적으로 기업의 이름을 걸고 운영하는 경우가 있는가 하면 마치 다른 언론 매체인 것처럼 포스트를 개설해 추가로 운영하기도 한다. 이는 포스트를 통한 메인노출 노하우와 전문 인력이 풍부한 기업에게 어려운 일이 아닐 것이다. 실제로 많은 기업들과 미팅을 진행해보면 이미 알고 있던 유명 포스트들의 모회사가 서로 동일하다는 것을 알게 되는 경우가 꽤 많다.

계속해서 기업의 예를 들었기 때문에 개인은 해당하지 않는 것으로 생각할지도 모르겠다. 그러나 개인의 사례도 분명 존재한다. 다만 포스트 에디터 자체가 적은데다 제대로 운영하는 곳의 대부분이 기업이다 보니 개인의 비중이 적을 뿐이다. 1인 미디어로 자신의 전문 분야에 대해 콘텐츠를 작성해 네이버 메인에 소개되는 포스트 에디터는 물론, 아예 하나의 미디어를 만들어 전문적으로 운영하는 경우도 있다. 본인이 운영하는 블로그와는 다른 톤으로 마치 매거진 기자가 기사를 작성하듯 포스트를 운영하는 것이다. 많은 이들이 이런 운영을 어렵게 생각하지만 어느 정도 필력을 갖추고 있다면 충분히 가능하다.

▲ 포스트홈 루키 100 인기 에디터

대부분의 사람들은 지금까지도 네이버 메인에 소개되는 것이 특별한, 나와는 거리가 먼, 어쩌다 한 번 운이 좋으면 생길 것 같은 일로 생각한다. 그러나 네이버 메인노출의 기회는 실제로 모두에게 열려있다. 다만 어떻게 접근하느냐에 따라 성패가 갈릴 뿐이다. 포스트 운영에 있어 메인노출은 마치 블로그의 최적화에 이르는 치트키 같은 것으로 포스트 에디터라면 반드시 거쳐야 하는 관문이나 다름없는 것을 명심하자.

2 _ 포스트 활용 사례 6가지

포스트를 적극적으로 운영하는 에디터들은 포스트를 어떻게 활용하고 있을까? 운영 초기에는 별다른 성과를 기대하기 어렵지만 포스트로 작성한 콘텐츠가 네이버 메인에 소개되고 널리 알려진다면 기대 이상의 성과를 거둘 수도 있다. 개인과 기업들은 포스트를 어떻게 활용하고 있는지 대표적인 방법들을 소개해보고자 한다.

❶ 도서 출간 및 홍보

포스트는 본인이 저작권이 있는 상품에 대한 홍보를 허용하고 있다. 뿐만 아니라 인재 육성 프로젝트의 일환으로 포스트에서 연재해 책으로 출간한 도서들을 모아 홍보해 주기도 한다. 시의성 정보를 다루는 것이 아니라 에세이, 손그림, 사진 등의 콘텐츠를 다룬다면 도전해 볼만 하다. 이 부분은 네이버 포스트 공식 계정을 통해 확인할 수 있으며 다양한 지원정책이 준비돼 있으니 참고하면 좋을 것이다.

❷ 광고 수익

다양한 분야의 콘텐츠를 작성하는 다수의 포스트가 이 방법을 활용한다. 네이버 메인에 뜰 수 있는 콘텐츠를 꾸준히 작성한 후 하단에는 티스토리나 자사 홈페이지로 유입될 수 있는 콘텐츠 링크를 걸어두는 것이다. 포스트는 유입이 높은 반면 광고 수익은 제공하지 않기 때문에 포스트에서 발생하는 유입을 구글 애드센스와 같은 광고 배너가 포함된 티스토리와 홈페이지로 유입시켜 수익을 내는 것이다. 이는 콘텐츠를 전문적으로 생산하는 이들이 많이 활용하는 방법으로 포스트 뿐 아니라 페이스북, 카카오톡 채널 등 다양한 채널을 통해 광고가 달린 콘텐츠 페이지로 유입시켜 수익을 내고 있다.

❸ 원고료
일부 포스트 에디터들은 콘텐츠 작성의 대가로 기업체로 부터 원고료를 받는다. 블로그에서도 익숙한 개념이지만 네이버 메인에 자주 노출되는 특징 때문에 조금 더 높은 비용을 받고 있다. 포스트를 충분히 키워 팔로워가 수십만에 달하게 되면 메인에 노출되지 않아도 일정 수준의 조회수가 발생하기 때문에 기업들이 선호한다. 일부 에디터들은 특정 시즌이 되면 일부 기업과 제휴를 맺어 제품 및 이벤트 배너를 작성하는 모든 콘텐츠에 등록하거나 사진 촬영이나 제품 소개 시 특정 제품을 반복 노출하기도 한다. 물론 이정도가 되기 위해서는 상당한 영향력과 팔로워를 갖춰야 한다.

▲ 리뷰 문의용 이메일을 등록한 포스트

❹ 광고형 콘텐츠

최근 미디어들이 새로운 수익모델로 적극 내세우고 있는 것이 바로 네이티브 광고, 다시 말해 광고형 콘텐츠다. 앞서도 설명했지만 기본적으로 정보를 제공하면서 은근슬쩍 홍보 대상을 어필하는 방법이 바로 여기에 해당한다고 할 수 있다. 개인 에디터에게 제품이나 서비스 소개를 부탁하고 받는 원고료와는 달리 기업이 미디어에게 의뢰하는 방식이기 때문에 단가나 규모가 전혀 다르다. 일반 미디어들이 이미 많이 활용하고 있는 방식으로 메인노출을 통해 효과를 극대화하고 있다.

❺ 제품 및 서비스 홍보

기업의 경우 양질의 콘텐츠 제공 후 하단에 자사의 로고나 제품 링크를 꾸준히 노출하기도 한다. 모든 포스트에 자사 제품 링크를 거는 것인데, 내용은 어떤 것이든 상관없이 꾸준히 노출만 된다면 배너와 같은 형태로 이용할 수 있다. 오랜 시간 안정적으로 운영해 네이버의 신뢰를 얻은 포스트들은 이런 형태로 운영을 하고 있다. 공식 포스트로 지정되거나 네이버의 기준에 적합할 경우 포스트 커버 화면의 배너 기능이 활성화되어 특정 사이트로 직접 유입이 가능하다.

❻ 브랜드 마케팅

기업이라면 자사의 브랜드를 강조할 수 있는 정보성 글을 꾸준히 소개하는 것도 좋은 방법이다. 사람들은 정보만 재미있고 좋다면 자발적으로 구독을 누를 것이다. 기업이 추구하는 방향을 잘 드러낼 수 있는 콘텐츠를 골라 꾸준히 소개한다면 브랜딩의 관점에서 장기적으로 도움이 될 것이다. 이미 그렇게 활용하고 있는 기업들이 적지 않으며 효과 또한 긍정적인 것으로 파악되고 있다.

3 _ 포스트 운영 4단계

포스트를 또 하나의 블로그로 생각하고 운영하는 사람들이 여전히 많다. 그러나 그런 식으로 접근해서는 제대로된 성과를 거두기 힘들며, 어떻게 든 성과를 내고 있다고 해도 네이버의 포스트 개선 과정에서 불이익을 받을 수 있다. 장기적으로 안정적인 성과를 얻기 위해서는 포스트를 어떻게 운영해야 하는지 4단계로 정리해 소개한다.

■ 1단계_이해하기

네이버 포스트를 운영해 제대로 된 성과를 내기 위해서는 포스트를 제대로 아는 것이 중요하다. 대부분이 포스트 운영에 실패하는 이유와 포스트에 관한 각종 논란들을 살펴보고 포스트 운영에서 가장 중요한 요소를 파악해보자. 포스트 운영이 본인에게 과연 적합한지를 따져본 후 포스트를 운영해야겠다는 확신이 생기면 다른 포스트들은 어떤 방식으로 운영해 성과를 내고 있는지도 살펴보아야 한다.
자세한 내용은 'Chapter 01. 포스트 이해하기'를 참조한다.

■ 2단계_만들기

포스트를 충분히 이해했다면 경쟁 포스트를 벤치마킹한 후 운영계획을 세워 자신만의 포스트를 만들어보아야 한다. 먼저 포스트의 구조와 화면 구성을 살펴본 후 인기에디터 분석과 다양한 포스트를 참고해 벤치마킹을 진행하고 분석보고서까지 작성해보도록 한다. 이후 다양한 기준을 참고해 운영 계획서를 작성한 후 자신만의 포스트를 만들어보도록 한다.
자세한 내용은 'Chapter 02. 포스트 만들기'를 참조한다.

■ 3단계_글쓰기

포스트는 전문 콘텐츠를 지향하는 서비스이기 때문에 콘텐츠 제작에 각별히 신경을 써야 한다. 인기 콘텐츠 분석을 통해 포스트 콘텐츠의 핵심적인 원칙들을 살펴보고 본인의 상황에 맞는 콘텐츠 생산 방법도 고민해봐야 한다. 스마트 에디터를 사용해 콘텐츠를 작성하는 과정에서 작성 전, 작성 중, 작성 후 체크해야 할 부분들을 모두 꼼꼼하게 확인하고, 메인노출을 대비한 콘텐츠를 작성하는 것이 중요하다.

자세한 내용은 'Chapter 03. 포스트 글쓰기'를 참조한다.

■ 4단계_노출하기

포스트 운영의 핵심은 바로 메인노출이다. 네이버 메인을 살펴본 후 메인노출의 방법과 가치에 대해 확인하도록 한다. 이후 메인노출 콘텐츠의 선정 기준을 비롯해 핵심 요소들을 따져본 후 실제로 메인노출을 진행하고 올바른 대응까지 진행해 포스트를 안정적으로 유지해야 한다. 이렇게 메인노출을 지속하다보면 자연스럽게 검색이 활성화되고 원하는 키워드로도 노출할 수 있게 될 것이다.

자세한 내용은 'Chapter 04. 포스트 노출하기'를 참조한다.

■ 5단계_운영하기

무작정 포스트를 운영해서는 만족할 만한 결과를 제대로 얻기 힘들다. 포스트의 불량 운영 사례와 모범 운영 사례를 살펴보고 초기에 반드시 참고해야 할 운영 전략을 참고해 그대로 진행하는 것이 좋다. 포스트 운영에 꼭 필요한 통계 분석 방법과 팔로우 및 댓글 관리 방법을 숙지한 후 포스트를 빨리 키울 수 있는 방법까지도 파악한다면, 단 시간에 포스트를 통해 좋은 성과를 거둘 수 있다. 네이버가 제공하는 포스트 관련 공식 정보도 제공하니 참고하면 장기적인 운영에 도움이 될 것이다.

자세한 내용은 'Chapter 05. 포스트 운영하기'를 참조한다.

포스트 분석하기

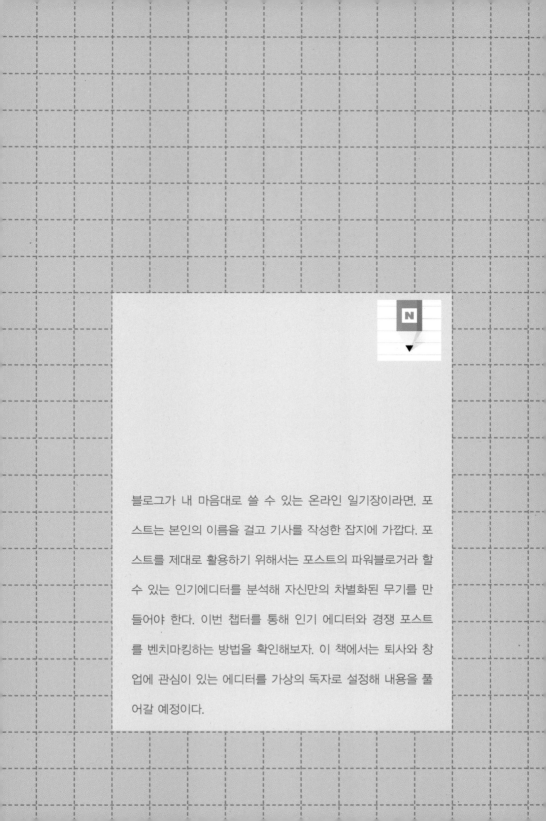

블로그가 내 마음대로 쓸 수 있는 온라인 일기장이라면, 포스트는 본인의 이름을 걸고 기사를 작성한 잡지에 가깝다. 포스트를 제대로 활용하기 위해서는 포스트의 파워블로거라 할 수 있는 인기에디터를 분석해 자신만의 차별화된 무기를 만들어야 한다. 이번 챕터를 통해 인기 에디터와 경쟁 포스트를 벤치마킹하는 방법을 확인해보자. 이 책에서는 퇴사와 창업에 관심이 있는 에디터를 가상의 독자로 설정해 내용을 풀어갈 예정이다.

포스트 살펴보기

이번 레슨에서는 포스트홈 화면을 시작으로 포스트를 운영하는
데 꼭 알아야할 부분들을 살펴보도록 하겠다. 포스트는 PC 화면
과 모바일 화면이 동일하기 때문에 별도로 모바일앱을 살펴보지
는 않겠다.

1 _ 베스트 화면 살펴보기

가장 먼저 살펴볼 부분은 포스트홈 화면이다. 포스트홈은 블로그홈과 달리 심플한 디자인에 반응형웹으로 제작되어 있다. 반응형웹이란 디스플레이의 크기에 따라 홈페이지 화면의 크기가 자동으로 최적화되는 웹페이지를 말한다. 블로그홈에 비해 포스트홈이 주제별로 더 명확하게 구분된 카테고리를 보여주고 있으며, 노출된 콘텐츠들 역시 개인의 사소한 포스팅이 아닌 미디어나 전문가가 작성한 콘텐츠가 주를 이룬다.

▲ 블로그홈 화면

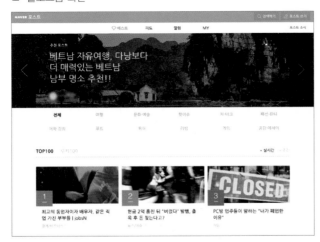

▲ 포스트홈 화면

블로그홈과 포스트홈 모두 많은 사용자들이 읽고 반응한 콘텐츠를 보여준다는 점에서는 동일하다. 그러나 이웃의 공감과 댓글이 노출에 직접적인 영향을 미치는 블로그홈과 달리, 포스트홈은 네이버 메인 화면에 노출되는 것이 더 큰 영향을 미친다. 실제로 포스트홈에 노출된 콘텐츠들을 살펴보면 관련 주제판 메인에 노출되고 있거나 최근에 노출되었다는 것을 확인할 수 있다.

전체   애완·반려동물   좋은글·이미지   국내여행   공연·전시   스타·연예인   방송   취미

9시간 전

7세독서습관 비룡소 비버와 함께 고릴라

7세독서습관 비룡소와 함께하고 있는 요즘 책 읽는 재미를 느끼고 있는 거 같아요 비룡소 북클럽 우리 아이에게 즐거운 책 읽기 습관을 길러 주는데 정말 도움이 많이 되는 거 같아요 아이 눈높이에 꼭 맞는 좋은 책과 독후 활동을 매달 집으로...

공감 74   댓글 8

6시간 전

━━━ 데일리 생활라탄+레이스매트 3일동안 핫하게 오픈해요.(~22일)

- Natural decoration - Rattan & Lace mat 이런거 하나쯤 있음 이쁘겠다!!이런거 하나쯤 있음 정리가 깔끔하게 되겠다!!이런 데일리한 라탄제품만 모아모아 두번째로 진행합니다.그리고 핫딜가 한정수량 상품과 라탄과 잘 어울리는 ...

공감 67   댓글 146

9시간 전

백종원 김치볶음밥 이렇게만 하면 꿀맛!

쉽고 간단하지만 세상 꿀맛 나는 백종원 김치볶음밥더위도 이제 막바지인가 봐요! 아침저녁으로 서늘한 바람이 불면 기분이 이상해요! 아들 방학도 이제 이틀 뒤면 끝!! 그동안 우리 엄마님들 정말 고생 많으셨어요! 방학을 보내는 동안 도대...

공감 107   댓글 20

4시간 전

미니멀 라이프를 위해 최소한의 대지에 최소한의 규모로 지은 탄소 중립 주택, House A

House A by Whispering Smith 최소한의 대지에 최소한의 규모로 지은 탄소 중립 주택 미니멀리즘에 대한 개념은 지속 가능한 건축 디자인을 논할 때는 자주 거론되지만, 큰 집을 건축할 때는 찬밥 신세가 되곤 한다. 웨스턴오스트...

▲ 블로그홈에 노출된 포스팅

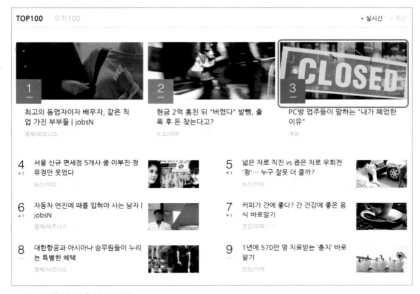

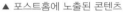
▲ 포스트홈에 노출된 콘텐츠

▲ 실제로 네이버 메인에 노출되고 있는 콘텐츠

간혹 누가 봐도 광고글인데 포스트홈 상위권에 있거나 아무리 찾아도 네이버 메인에서 확인할 수 없는 글들은 광고를 집행중일 확률이 높다. 네이버는 다양한 디스플레이광고 상품을 제공하고 있는데, 포스트로 작성한 콘텐츠로 광고를 집행할 경우 진행 기간 동안 발생한 유입으로 인해 포스트홈 상위권에 오를 수 있다.

▲ 주제별 디스플레이광고 상품

포스트홈을 구체적으로 살펴보도록 하자. 최상단에는 포스트로 작성된 콘텐츠를 검색할 수 있는 검색하기 버튼(❶)과 자기 포스트에 글을 쓸 수 있는 포스트 쓰기 버튼(❷)이 자리하고 있다. 포스트 검색에서는 포스트, 시리즈, 에디터, 태그를 관련도순과 최신순으로 검색해 볼 수 있다. 포스트를 운영하다보면 포스트로 작성한 콘텐츠를 검색해볼 일이 많기 때문에 포스트 검색창의 URL(post.naver.com/search/default.nhn)을 즐겨찾기 해두는 것이 좋다.

▲ 포스트홈 화면

NAVER 포스트   포스트 검색   닫기

포스트, 시리즈, 태그, 에디터로 검색   🔍

공식 포스트   매거진 포스트   사운드 포스트   콜라보 포스트
펀딩 포스트   이벤트 포스트

건강/의학   게임   육아   경제/비즈니스
과학   국내여행   뉴스/이슈   강좌/TIP
레시피/푸드   인테리어   에세이/웹툰   맛집
미술/전시   반려동물   방송/연예   뷰티
세계여행   스포츠   어학/외국어   연애/결혼
영화/애니   음악/공연   자동차   책/문학
취미/DIY   패션   IT/테크   기타

▲ 포스트 검색 화면

포스트홈 상단은 베스트, 피드, 알림, MY 탭으로 구성되어 있다. 피드탭
(❸)은 현재 구독중인 포스트의 최신 콘텐츠를, 알림탭(❹)은 본인의 포스
트와 관련된 알림을, MY탭(❺)은 본인의 포스트를 보여주며 이 부분들은
로그인 후 확인이 가능하다. 우측에 있는 포스트소식(❻)을 선택하면 네
이버가 운영하는 공식 포스트로 이동할 수 있으며 이곳에서 포스트와 관
련된 네이버의 공식 정보를 확인할 수 있다. 네이버포스트소식을 팔로우
해둘 경우 포스트 관련 소식을 가장 빠르게 접할 수 있기 때문에 다른 곳

은 팔로우
하지 않더
라도 이 계
정 만 큼 은
팔로우 해
두는 것이
좋다.

▲ 네이버 포스트 소식

베스트탭은 실질적인 포스트홈으로 추천 포스트 및 추천 시리즈 배너와 10개 이상의 주제를 제공한다. 아래에는 가장 인기 있는 포스트 콘텐츠를 TOP100(❶)과 루키100(❷)으로 구분해 보여주며 실시간 인기순(❸)과 주간 인기순(❹) 콘텐츠를 각각 확인할 수 있다. TOP100에는 전체 에디터가 노출되며 비교적 최근에 첫 포스트를 발행한 에디터만 별도로 루키100에 노출된다. 포스트를 이제 시작하는 입장에서는 루키100의 포스트 에디터들을 참고하는 것이 운영에 더 도움이 될 것이다.

▲ 포스트 TOP100

▲ 포스트 루키100

스크롤을 내리면 전체 인기에디터를 확인할 수 있으며 최대 100위 콘텐츠까지 확인할 수 있다. 인기에디터 역시 TOP100과 루키100이 다르게 표시된다. TOP100의 인기에디터가 되기는 어려워도 루키100의 인기에디터는 얼마든지 가능하니 반드시 도전해보자.

▲ 인기에디터 소개 배너

2 _ 포스트 화면 살펴보기

MY 탭은 로그인한 계정의 포스트 화면을 보여준다. 포스트홈을 통해 접근했을 때는 MY 탭 상단의 메뉴들을 모두 확인할 수 있지만 본인의 포스트로 바로 접근했을 때는 상단 메뉴가 보이지 않는다. 상단 메뉴 없이 깔끔한 화면을 보고 싶다면 URL에서 본인의 ID 뒷부분을 제거하거나 post.naver.com/ 뒤에 본인의 ID만 입력하면 된다.

▲ MY 탭을 통해 접근한 포스트 화면

포스트 화면은 블로그와 달리 상당히 심플하다. 꾸밀 수 있는 것이라고는 커버 사진과 프로필 사진, 닉네임과 타이틀 뿐이다. 포스트명 하단에는 팔로워, 팔로잉, 포스트, 좋아요한 글 수를 각각 확인할 수 있으며, 로그인한 상태에서는 설정, 통계 버튼이 활성화된다. 게시판은 다른 사용자들이 안부나 메모를 남길 수 있는 기능이지만 의미있게 사용되는 경우는 거의 없다.

▲ 포스트 커버 영역

설정 버튼(❶)을 누르면 커버 영역과 프로필 영역에 표시되는 정보를 변경할 수 있다. 닉네임이 포스트의 실질적인 이름이며 타이틀은 그 아래에 작게 표시되는 소개 문구다. 닉네임과 타이틀에 아무것도 입력하지 않을 경우 아이디가 닉네임으로 자동 등록된다.

▲ 닉네임과 타이틀 수정 화면

인기 포스트(❶)는 어제 조회수가 높은 포스트를 최대 10개까지 보여주는
기능이다. 조회수가 높은 콘텐츠가 없을 경우 아무것도 표시되지 않는다.
다른 콘텐츠보다 먼저 보이기 때문에, 조회수나 퀄리티 등 여러 가지 면
에서 자랑스럽게 보여줄 수 있는 콘텐츠가 노출되고 있지 않다면 사용하
지 않는 것이 좋다. 보통 메인노출을 통해 포스트가 활성화된 이후에 사
용하는 것이 바람직하다.

▲ 기타 프로필 수정 화면

일정 기준을 달성했을 때는 배너 기능이 활성화되며 커버 영역 최하단에
배너를 표시할 수 있게 된다. 책을 선택할 경우 네이버에서 검색되는 도

서 정보를 등록하고 간략한 소개 문구를 추가할 수 있다. 사이트를 선택할 경우 간단한 문구와 함께 홈페이지 링크를 걸 수 있다. 출간한 도서가 더 있다면 경력 및 활동 하단에서도 추가할 수 있다.

▲ 책 배너 수정 화면

▲ 사이트 배너 수정 화면

다음으로 통계 버튼을 누르면 포스트의 일간 현황을 확인할 수 있다. 일간 조회수가 평소보다 높을 경우 조회수 순위와 유입 경로를 확인해 어떤 경로를 통해 어떤 콘텐츠가 노출되었는지를 확인할 수 있다. 일간 현황 외에도 방문 분석, 사용자 분석, 순위 등을 통해 주간, 월간별 다양한 통계를 확인할 수 있다. 통계에 대해서는 추후 자세히 살펴보도록 하자.

포스트관리   친구초대   댓글차단   글보호   위젯   **통계**   이벤트 관리

나의 포스트 통계

일간 현황   방문 분석   사용자 분석   순위   📄 지표 다운로드

일간 현황 ?   ‹ 2018.05.27. 📅 ›

조회수	좋아요수	댓글수	팔로워 총감수
162,258	**287**	**39**	**195**

▲ 일간 현황

다른 포스트를 방문한 화면이다. 설정과 통계 버튼 대신 팔로우 버튼이 표시된다. 포스트는 에디터 팔로우와 시리즈 팔로우가 별개다. 에디터를 팔로우하면 모든 시리즈를 자동으로 팔로우하게 돼 모든 신규 콘텐츠에 대한 알림을 받게 된다. 그러나 특정 시리즈만 팔로우할 경우 그 시리즈에 등록되는 콘텐츠의 알림만 받아볼 수 있다. 한 명이 여러 개의 시리즈를 별도로 팔로우 하더라도 팔로워 수가 하나 이상 늘어나지는 않는다.

▲ 다른 포스트를 방문한 화면

커버 영역 하단은 프로필, 포스트, 시리즈 영역으로 구분되며 포스트 화면을 기본으로 보여준다. 인기 포스트 기능을 활성화했을 경우 인기 콘텐츠들이 먼저 표시되고 그 아래에 최신 콘텐츠가 순서대로 표시된다. 좌측에는 작성된 콘텐츠 수(❶)가, 우측에는 현재 포스트에서 작성된 콘텐츠를 검색할 수 있는 버튼(❷)이 표시된다. 이 검색 기능은 본인이 작성한 콘텐츠를 검색할 때도 유용하다. 각각의 콘텐츠는 작성 날짜와 조회수가 표시되며 시리즈에 속해 있을 경우 시리즈명이 함께 표시된다.

▲ 포스트 영역

프로필 영역에서는 설정을 통해 등록한 소개글과 경력 및 활동이 순서대로 표시된다. 배너 기능이 활성화되었다면 출간한 도서를 등록해 경력 및 활동 아래에 표시할 수 있다. 이밖에도 최근 사용한 태그와 포스트의 도메인 역시 확인 가능하다.

▲ 프로필 영역

시리즈 영역에서는 내가 등록한 모든 시리즈를 확인할 수 있다. 앞서 설명한 것처럼 특정 시리즈만 팔로우할 수 있기 때문에 시리즈마다 팔로워 수가 조금씩 다르다. 오른쪽 점선 버튼(❶)을 누르면 시리즈에 새 글을 쓰거나 전체 시리즈를 편집할 수 있다. 시리즈의 순서는 고정되어 있지 않으며 최신 콘텐츠가 등록된 순으로 정렬된다.

▲ 시리즈 영역

3 _ 콘텐츠 화면 살펴보기

포스트 콘텐츠는 카드형과 일반형으로 나뉜다. 콘텐츠가 실제로 표시되는 영역 외에 상단과 하단의 구조는 동일하다. 가볍게 넘겨볼 수 있는 짧은 콘텐츠라면 카드형이, 긴 글과 다양한 이미지가 포함되어야 한다면 일반형이 적합하다. 둘 중 콘텐츠의 내용을 잘 드러낼 수 있는 형태를 사용하면 된다.

▲ 카드형 콘텐츠

▲ 일반형 콘텐츠

가장 많이 사용되는 일반형 콘텐츠 화면을 살펴보자. 콘텐츠 화면 상단
에는 좌측부터 포스트, 시리즈, 팔로우, 공유하기, 포스트 쓰기 버튼이
자리하고 있다. 포스트 버튼을 누르면 포스트홈으로 이동하며 시리즈
버튼을 누르면 현재 보고 있는 콘텐츠가 속한 시리즈 전체 글을 확인할
수 있다. 팔로우 버튼을 누르면 에디터를 바로 팔로우할 수 있고 공유
하기를 눌러 다른 곳으로 공유할 수도 있다. 포스트쓰기 버튼을 누르면
본인의 계정으로 이동해 글을 작성할 수 있다. 포스트 콘텐츠는 블로그
포스팅과 달리 조회수가 바로 표시되기 때문에 콘텐츠의 인기도를 빠
르게 확인할 수 있다.

▲ 콘텐츠 화면 상단

콘텐츠 화면 하단에는 등록된 태그와 공감 및 댓글 수가 표시된다. 프로
필 화면 하단에는 시리즈가 표시되는데, PC 화면에서는 시리즈의 첫 콘
텐츠의 첫 이미지가 대표 이미지로 등록되며 모바일에서는 이미지 없이
텍스트로만 소개된다. 시리즈에 포함되지 않은 콘텐츠일 경우 이전 포스
트와 다음 포스트만 보여준다. 시리즈를 설정해야 더 많은 콘텐츠 리스트
를 노출할 수 있기 때문에 모든 콘텐츠는 시리즈에 포함하는 것이 좋다.

#스마트에디터 #동영상링크걸기 #동영상첨부 #동영상링크첨부

SmartEditor ③ 으로 쓴 글입니다. 자세히보기 >

♡ 120 …   💬 26

네이버포스트소식 ⓥ
팔로워 104,393 · 10만 팔로워

네이버 포스트의 핫한 소식들을 빠르게 알려드립니다. 이용자분들을 위한 이벤트도 가끔
있으니까요. 많은 관심과 구독 부탁드립니다^^

+ 팔로우

시리즈
[포스트] 스마트에디터3.0 가이드(PC)   더보기 >

2	[SE 3.0_PC] 01.잡지같은 타이틀, 제목 배경 이미지 넣기	6,358 읽음
1	[SmartEditor 3.0] 꿀기능 활용백서 AtoZ : PC에디터	44,765 읽음
36	**[스마트에디터3.0개선소식 #15] 동영상 링크걸기 기능이 변경됩니다**	3,373 읽음
35	[스마트에디터3.0개선소식#14] 표 기능과 더욱 편리해진 포토에디터	2,390 읽음
34	[스마트에디터3.0개선소식#13] 360VR 이미지 / 동영상 기능 지원	2,301 읽음

▲ 콘텐츠 화면 하단

그 아래에는 댓글 영역과 인기 포스트 영역이 자리하고 있다. 추천 수가
높은 댓글이 있을 경우 베스트 댓글 순으로 보이며, 추천 수가 높은 댓글
이 없을 경우 최신 순으로 보인다. 인기 포스트 영역에는 특정 키워드를
통해 검색해 들어왔을 경우 '키워드의 검색 결과'가, 직접 들어왔을 경우
'이 에디터의 인기 포스트'가 표시된다.

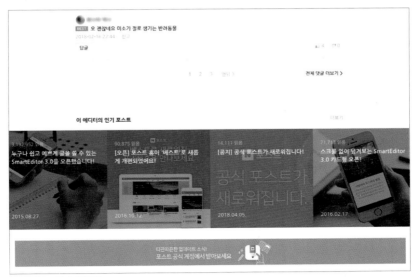

▲ 콘텐츠 화면 최하단

TIP

카드형 콘텐츠 화면은 일반형 콘텐츠 화면과 차이가 있다. 첫 화면을 포함해 모든 화면에서 좋아요와 댓글수를 확인할 수 있으며 상단 우측의 버튼을 눌러 마지막 페이지로 이동하거나 콘텐츠를 공유할 수 있다. 콘텐츠 화면 하단은 태그, 프로필, 시리즈의 다른 글을 소개하는 페이지와 이 에디터의 인기 포스트와 댓글을 보여주는 페이지로 구분되어 있다. 베스트 댓글의 경우 화면 하단에서 자동으로 롤링된다.

인기에디터 분석하기

이번 레슨에서는 포스트계의 파워블로거라고 할 수 있는 인기에
디터에 대해 살펴보도록 하자. 인기에디터는 누구이며 어떤 유형
이 있는지, 과연 나도 인기에디터가 될 수 있는지 하나씩 짚어보
도록 하겠다.

1 _ 인기에디터 살펴보기

포스트 인기에디터는 포스트홈(post.naver.com)에서 확인할 수 있다. 스
크롤을 조금만 내려보면 '전체 인기에디터를 만나보세요'라는 문구와 함
께 현재 인기에디터를 확인할 수 있다. 여기서 화면 우측의 더보기(❶)를
누르면 전체 인기에디터를 확인할 수 있는데 최대 50명까지 인기순, 팔로
워순, 업데이트순, 가나다순 총 4가지 방식으로 확인할 수 있다.

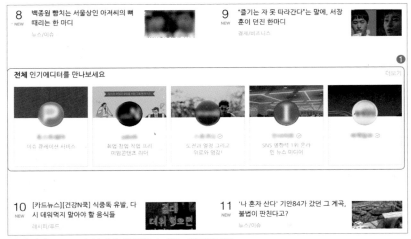

▲ 네이버 포스트 소식에서 확인할 수 있는 인기에디터

▲ 인기에디터 리스트 화면

팔로워순은 거의 변하지 않는다. 포스트 자동 팔로우 링크 기능이 중단된
이후 고착상태다. 팔로워순으로 봤을 때 상위권 포스트들은 초기부터 포
스트를 운영하면서 반복적인 메인노출을 통해 팔로워를 확보한 에디터들

이다. 이들은 해당 기능이 중단된 이후에도 꾸준히 팔로워가 증가하고 있다. 메인노출이 팔로워를 늘리는데 상당한 역할을 하기 때문이다. 이들이 계속해서 네이버 메인에 계속 소개되는 한, 기존 인기에디터와 신규에디터의 팔로워 격차는 줄어들기 어려울 것이다.

▲ 팔로워순으로 본 인기에디터

인기도순은 포스트가 받은 좋아요수, 조회수 등을 기준으로 한다. 여기에 절대적인 영향을 미치는 것이 바로 메인노출이다. 네이버 메인에 콘텐츠가 노출되면 조회수는 물론 좋아요도 단기간에 높아지기 때문에 인기 에디터로 소개될 수 있다.

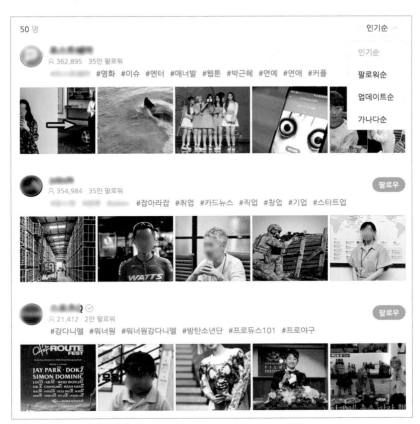

▲ 인기순으로본 인기에디터

그렇다면 50명의 인기에디터는 고정적인 것일까? 그렇지 않다. 인기에
디터 순위는 네이버의 말대로 포스트가 받은 조회수, 좋아요수를 기반으
로 매일 달라진다. 그리고 검색을 통한 유입만으로는 이런 수치가 급격하
게 변하지 않기 때문에 결국은 메인노출이 이들의 순위를 결정한고 볼 수
있다. 즉, 네이버 메인에 노출 될 수 있다면 누구나 인기에디터로 소개될
수 있다. 다음으로 살펴볼 포스트가 바로 그 예다. 이 포스트는 단 3개의
콘텐츠만 등록했으나, 책문화판에 메인노출 되면서 인기에디터로 소개될
수 있었다.

▲ 인기에디티로 소개된 A포스트

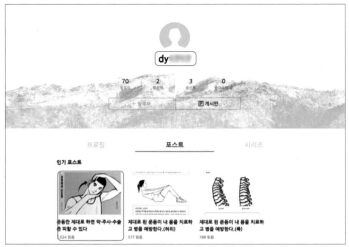
▲ 조회수가 유난히 높은 콘텐츠

▲ 책문화 판에 노출된 콘텐츠

TIP

특정 포스트가 인기에디터로 선정된 이유를 확인하고 싶다면 해당 포스트를 방문해 인기 포스트 항목을 확인하면 된다. 인기 포스트 항목은 최근에 인기 있었던 콘텐츠를 우선적으로 보여주기 때문에 메인노출을 통해 많은 사람들이 유입되고 있는 콘텐츠를 빠르게 확인할 수 있다. 이 콘텐츠가 노출될 수 있을 법한 주제판들을 찾아다니다보면 해당 콘텐츠를 찾을 수 있을 것이다.

2 _ 인기에디터의 5가지 유형

인기에디터는 크게 5가지로 구분할 수 있다.

첫째, 주제판 운영사의 공식 포스트다.
네이버 메인은 서른개가 넘는 주제판으로 구성되어 있으며 크게 네이버
가 직접 관리하는 주제판과 네이버와 언론사의 합작회사가 운영하는 주
제판으로 나뉜다. 네이버가 운영하는 주제판과 달리, 합작회사가 운영하
는 주제판은 자체적으로 콘텐츠를 생산하는데 그들의 공식 포스트가 바
로 여기에 속한다. 자체적으로 생산하는 콘텐츠의 메인노출 비중이 높기
때문에 인기에디터에 노출될 수밖에 없다.

▲ 주제판 운영사의 공식 포스트

둘째, 인터넷 뉴스 사이트의 공식 포스트다.

네이버에는 언론사들이 기사를 등록할 수 있는 뉴스 서비스가 별도로 존재하지만, 포스트에서도 실시간 뉴스를 등록하는 미디어들이 상당히 많다. 또한 매일 새로운 이슈가 쏟아지는 이상, 자연스레 이들의 노출 비중은 높을 수밖에 없다. 자체적으로 생산하는 뉴스가 많다보니 포스트를 통해 올라오는 콘텐츠가 하루에도 수십 개에 달하기도 한다.

▲ 인터넷 뉴스 사이트의 공식 포스트

셋째, 매거진의 공식 포스트다.

실시간 이슈보다는 자신들의 전문 분야에 대한 콘텐츠를 꾸준히 발행하는 포스트들이며, 종이잡지로 출간되는 매거진도 있지만 인터넷으로만 발행되는 경우도 있다. 이들이 발행하는 콘텐츠 수는 인터넷 뉴스 사이트보다는 적지만 기업이나 개인보다는 확실히 많은 편이다. 콘텐츠 발행과 함께 별도의 서비스를 제공하거나 쇼핑몰을 운영하는 경우도 있다.

프로필   **포스트**   시리즈

인기 포스트

페라리 812 슈퍼패스트 LOVE I   폭스바겐 티구안 VS. 볼보 XC40   볼보 XC40   SHORTCU
N PORTOFINO feat.V12   포츠 패키지
36,743 읽음   90,674 읽음   89,065 읽음   4,534 읽음

▲ 매거진의 공식 포스트

넷째, 기업의 공식 포스트다.

일반 기업, 병원, 스타트업 등이 포함되어 있다. 이들은 마치 하나의 미디
어나 매거진처럼 독자들이 관심을 가질만한 콘텐츠를 꾸준히 생산하면서
자사 브랜드와 상품을 간접적으로 알리고 있다. 실패하는 기업 포스트는
자사 상품을 직접적으로 홍보하는데 여념이 없기 때문에 독자들의 외면
을 받을 뿐 아니라, 포스트도 활성화되지 못한다. 그러나 성공하는 기업
포스트는 독자가 원하는 콘텐츠를 제공함으로써 메인노출의 기회를 만들
고 브랜드를 강화하는데 집중하고 있다.

✎ TIP

여기서 말하는 '공식 포스트'는 공식 앰블럼을 받은 포스트를 말하는 것이 아니며 기업이 자사의
이름을 내건 대표 포스트로 설정해 운영하고 있는 경우를 말한다. 공식 앰블럼은 법인 사업자가
아니거나 법인이라고 하더라도 일부 업종의 경우 받을 수 없다. 앰블럼은 단순히 해당 기업이 이
포스트를 정말로 운영하고 있다는 표식에 지나지 않기 때문에 크게 중요하지는 않다.

▲ 기업의 공식 포스트

다섯째, 개인 포스트다.

팔로워 순으로 보면 서비스 초기부터 왕성하게 활동했던 테크 에디터가 가장 많으며, 뷰티, 게임 에디터들도 존재한다. 개인 에디터의 비중이 적은 것은 네이버 메인에 노출되는 전문 콘텐츠의 특성상 미디어나 기업에 유리한 부분이 있기 때문이기도 하지만, 포스트를 제대로 활용하는 개인이 적다는 것이 더 큰 이유라 할 수 있다. 독자들의 기대치가 계속해서 높아지고 있어 콘텐츠 제작이 까다로워지고 있는 것은 사실이나, 미디어나 기업이 아닌 개인의 영역은 분명 존재하기 때문에 절대 포기해서는 안 된다.

TIP

개인 포스트 에디터의 경우 자신의 전문성을 내세워 특정 분야의 전문가로 포지셔닝하거나 앞서 살펴본 매거진을 만들어 하나의 미디어처럼 운영할 수도 있다. 한 명이 전문 콘텐츠를 꾸준히 작성하는데는 한계가 있기 때문에 보조 필진을 두거나 여러명이 함께 하나의 포스트를 운영하는 경우도 존재한다. 어떤 방식을 선택하든 꾸준히 할 수 있는 형태로 운영하는 것이 좋다.

▲ 개인 포스트

3 _ 인기에디터, 나도 될 수 있을까?

개인 포스트를 제외하고는 대부분이 공식 포스트인 것을 확인할 수 있다.
그렇다면 공식 포스트가 되어야만 메인에 자주 노출될 수 있는 것일까?
절대 그렇지 않다. 공식 포스트지만 네이버 메인에 한 번도 노출되지 못
하는 경우도 많고, 공식 포스트가 아니지만 메인에 자주 노출되는 경우도
얼마든지 존재한다. 최근에는 공식 포스트의 개념이 콘텐츠의 신뢰성이
아닌 해당 기관, 기업, 단체가 직접 운영하고 있다는 표식으로 변경되었
으니 메인노출이나 인기에디터와는 더욱 무관해졌다고 볼 수 있다.

▲ 직접 운영하고 있다는 표식인 공식 엠블럼

인기에디터가 얻을 수 있는 것은 무엇일까? 바로 영향력이다. 뉴스나 매거진에 기사를 의뢰하는 기업들의 최대 관심사는 '네이버에 노출되느냐' 하는 것이다. 단순히 지면에만 실리는 것보다 네이버에서 검색이 될 수 있게 해주는 것에 더 큰 관심을 갖는 것이다. 그보다 더 선호하는 것이 바로 네이버 메인화면에 소개되는 메인노출이다. 네이버 메인에 소개되는 것은 여느 언론사를 통해 기사화 되는 것 이상의 파급력을 자랑하기 때문에 많은 기업들이 적지 않은 비용을 들여서라도 진행하고 싶어 한다.

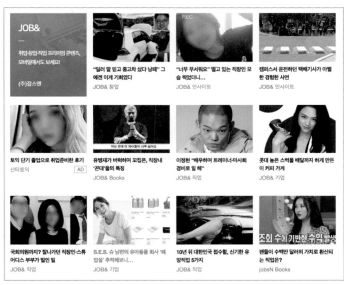

▲ 파급력이 높은 네이버 메인노출

아직 인기에디터에 오르지 못한 인터넷 뉴스, 매거진, 기업, 개인에게도 기회가 있을까? 쉽지 않겠지만 불가능한 것은 아니다. 현재는 네이버와 사용자들의 입맛에 맞는 전문 콘텐츠를 오래도록 꾸준히 공급해온 인터넷 뉴스, 매거진, 기업이 주로 노출되고 있지만 전략적으로 운영하면 얼마든지 그들과 파이를 나눠가질 수 있다.

실제로 최근에는 과거 집중적으로 노출되던 인기에디터들의 비중이 줄어든 반면, 신규 에디터들의 성

▲ 마음건강 코너가 신설된 건강판

장세가 돋보이고 있다. 일례로 건강판의 경우 '마음건강' 코너가 신설되면서 정신과 관련된 학회와 언론의 콘텐츠가 새롭게 노출되고 있다.

이런 현상은 단지 건강판에만 국한되지 않는다. 네이버 메인 운영의 핵심은 주제판으로 사용자를 구분해 명확하게 타겟팅하고, 그 안에서 사용자들이 최대한 오래 머물 수 있도록 흥미로운 콘텐츠를 꾸준히 소개하는 것이기 때문이다. 사용자들이 원하는 정보가 달라지거나 그들의 이목을 끌 수 있는 새로운 콘텐츠가 있다면 얼마든지 메인노출의 기회를 누릴 수 있다는 것을 명심하자.

벤치마킹 진행하기

네이버 메인에 노출되고 있는 포스트를 벤치마킹한 뒤 분석 보고서를 작성해보면 나만의 포스트를 기획하고 운영하는데 큰 도움이 된다. 다른 포스트들의 접근법과 운영법을 확인한 후 본인의 포스트를 기획하는데 참고하도록 하자.

이 책에서는 경제 콘텐츠를 다루는 포스트를 기준으로 설명하겠다.

1 _ 벤치마킹 대상 찾기

다시 한 번 강조하지만 포스트에서 가장 중요한 것은 전문 콘텐츠다. 나만의 포스트를 만들기 위해 벤치마킹을 진행할 때는 메인에 노출된 전문 콘텐츠들 중에서 본인과 관련이 있으며 실제로 작성할 수 있는 콘텐츠를 파악하는 것이 중요하다. 콘텐츠를 우선적으로 파악하다보면 관련 콘텐츠를 연재하고 있는 포스트 에디터를 발견할 수 있을 것이다. 단, 주제판 운영사의 공식 포스트나 최신 이슈를 전하는 뉴스 포스트들은 별다른 도움이 되지 않으니 제외하도록 한다. 이미 자리를 잡은 포스트를 분석하는 것보다 비교적 최근에 운영을 시작한 포스트를 참고하는 것이 더 효과적이다.

▲ 신규 인기에디터 분석에 적합한 루키100 영역

방법은 크게 세 가지다. 첫 번째는 네이버 메인화면에서 직접 찾아보는 것, 두 번째는 포스트홈에서 확인하는 것, 마지막은 포스트 검색 페이지에서 검색해보는 것이다. 세 가지 방법을 모두 사용하는 것이 좋으니 하나씩 순서대로 진행해보도록 하자. 추후에는 어떻게 확장을 하더라도 초기에는 네이버 메인에 노출되는, 다시 말해 대중이 원하는 콘텐츠를 우선으로 작성해야 한다는 사실을 명심하자.

01 먼저 네이버 메인의 주제판에서 참고할만한 콘텐츠를 찾아보자. 30여 개의 주제판 중에서 본인이 목표로 하는 주제판으로 이동하자.

02 PC와 모바일 메인에 등록된 콘텐츠가 조금 다를 수 있기 때문에 두 곳을 모두 방문해 참고할만한 콘텐츠를 찾도록 한다.

03 참고할만한 포스트나 콘텐츠가 있다면 모두 북마크(❶) 해두자. 하나의 주제판만으로는 부족할 수 있으니, 비슷한 주제를 다루는 다른 주제판도 둘러보는 것이 좋다.

04 다음으로 포스트홈에서 참고할만한 콘텐츠를 확인해보도록하자. 원하는 카테고리를 선택한 후 TOP100과 루키100, 실시간과 주간을 각각 선택해 벤치마킹할 콘텐츠를 다양하게 찾아본다.

05 더 많은 정보를 얻고 싶다면 네이버 모바일 페이지로 이동한 후 화면 최하단의 '더보기'를 누른다.

06 여기서는 네이버 모바일 메인에 노출된 지난 콘텐츠들을 확인할 수 있다. 시간대별로 일일이 확인할 필요는 없고, 콘텐츠가 매일 갱신되지 않는 경우도 있기 때문에 2~3일에 한 번씩 확인해도 좋다.

> **TIP**
>
> 날짜를 선택하면 업데이트된 시간을 확인할 수 있다. 담당자가 주제판을 수정한 모든 시간이 기록된 것이기 때문에 많게는 하루에도 수십 번이 될 수 있다. 그러니 전체를 다 확인할 필요는 없으며 오전과 오후 중 한 번만 확인해도 된다.

07 마지막으로 검색을 통해 원하는 콘텐츠를 찾아볼 차례다. 포스트홈(post. naver.com)으로 이동해 포스트 검색을 선택한다.

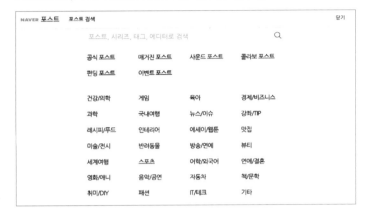

08 다양한 키워드로 검색을 해본다. 보통 조회수가 1만 이상이면 네이버 메인에 소개된 것이니 이런 콘텐츠들을 위주로 참고하는 것이 좋다.

09 메인노출 여부를 확인할 수 있는 확실한 방법은 댓글을 확인하는 것이다. 댓글이 특정 시간대에 몰려있으면 메인노출된 콘텐츠일 확률이 높고, 주제판 담당자가 직접 남긴 댓글이 있다면 가장 확실하다.

지금까지 살펴본 내용을 토대로 본인이 작성하기에 적합한 콘텐츠 리스트와 참고할만한 포스트 에디터들을 정리해보자. 콘텐츠 리스트는 앞으로 계속 업데이트가 될 테니 별도로 보관을 해두고, 포스트 에디터의 리스트를 추려 벤치마킹 대상 분석을 진행하면 된다.

2 _ 포스트 분석하기

이미 좋은 기획이 있다면 그대로 진행해도 무방하지만 다른 포스트들을 참고한다면 더 나은 결과를 얻을 수 있다. 가장 마음에 드는 하나의 포스트를 대상으로 해도 되나 다양한 아이디어를 얻기 위해 최소 3개의 포스트를 선정해 분석하는 것을 추천한다. 적합한 포스트가 없다면 콘텐츠 기획력이 좋은 전혀 다른 분야의 포스트를 대상으로 진행해도 좋다. 이 과정의 핵심은 대상이 되는 포스트가 '어떤 콘셉트'로 '어떤 분야'의 콘텐츠를 작성해 '어떤 주제판'에 노출되는지를 파악하는 것이다.

2-1 콘셉트는 무엇인가?

콘셉트는 포스트명을 포함해 프로필 사진, 커버 사진, 타이틀, 소개글에서 모두 드러난다. 다른 에디터들은 포스트의 정체성을 명확하게 드러내기 위해 각각의 항목을 어떻게 구성하는지 참고해보자. 예를 들어 단순히 '1인기업과 관련된 소식을 전하는 포스트'라고 추상적으로 설정하는 것 보다는 '전자책 출간으로 1인 기업이 된 포스트'와 같이 명확한 포인트를 짚어주는 것이 더 좋다.

▲ 콘셉트 살펴보기

2-2 핵심 분야는 무엇인가?

블로그와 달리 네이버 메인에 노출되는 대부분의 포스트들은 특정 '키워드'가 아닌 전문 분야에 집중한다. 상위노출을 목적으로 콘텐츠를 작성하는 것이 아니기 때문이다. 아주 작은 분야에 집중하는 포스트가 있는가하면, 거의 모든 주제를 다 아우르는 경우도 있다. 이제 시작하는 입장에서는 다양한 분야를 아우르려 하기보다 최대한 작은 분야에서 자리를 잡는 것이 좋다. 등록된 콘텐츠와 시리즈를 살펴보면서 이 포스트의 핵심 분야는 무엇인지, 어떤 콘텐츠가 높은 조회수를 기록하고 있는지를 꼼꼼하게 확인해보도록 하자.

프로필   포스트   시리즈

▲ 콘텐츠 및 시리즈 살펴보기

2-3 어떤 주제판에 노출되고 있는가?

어떤 주제판에 노출되고 있는지를 알면 주 독자층이 누구인지도 함께 파
악할 수 있다. 콘텐츠 하단에 특정 주제판의 링크 배너를 포함하고 있거
나 특정 주제판 담당자의 메인노출 안내 댓글을 확인해 어떤 주제판에 주
로 노출되는지 확인하도록 하자. 포스트 상단의 인기 콘텐츠 항목에 수만
에서 수십만 조회수를 기록한 콘텐츠들이 표시되고 있다면 메인노출 된
적이 있는 것이니, 포스트홈이나 이 콘텐츠가 노출될만한 주제판을 방문
해 확인하도록 하자.

비즈니스
안녕하세요. '네이버 비즈니스' 입니다.

이 콘텐츠가 8월 28일 네이버 비즈니스에 소개될 예정입니다. 주제판 노출에 대해 의견이 있으시면
으로 연락을 주세요.
감사합니다.

▷네이버 비즈니스 보러가기
http://m.naver.com/naverapp/?version=1&cmd=addMenu&menuCode=BUSINESS
2018-08-27 18:34 신고

답글   👍 0 💬 1

▲ 노출 주제판 파악하기

3 _ 분석 보고서 작성하기

다양한 포스트를 둘러보는 것만으로도 본인의 포스트를 기획하는 데 좋은 밑거름이 된다. 그러나 벤치마킹하고 싶은 포스트를 분석한 보고서를 작성해 둔다면 좀 더 확실한 도움이 될 수 있다. 너무 많아서 일일이 적어두기 힘들다면, 포스트 링크와 함께 간단한 특징만이라도 적어두자. 이밖에도 해당 포스트만의 특별한 콘텐츠나 시리즈가 있는지, 운영 기간 및 콘텐츠 업로드 빈도는 어떻게 되는지, 포스트와 연동되는 SNS 채널이나 사이트가 존재하는지 확인해보는 것도 좋다. 간단한 분석 보고서 양식을 소개하니 참고하자.

항목	내용
포스트명	
콘셉트	
전문 분야	
노출 주제판	
시리즈	
운영형태	
발행주기	
추가 운영 채널	
운영기간	
운영주체	
특징	

▲ 분석 보고서 양식

⬥ TIP

분석 보고서를 작성할 때 가장 중요한 것은 콘셉트, 전문 분야, 노출 주제판이다. 경쟁 포스트가 어떤 콘셉트로 어떤 분야의 콘텐츠를 작성해 어떤 주제판에 노출되는지만 알아도 자신만의 포스트를 기획하고 운영하는데 큰 도움이 된다. 나머지 항목들은 해당 포스트를 더 잘 알기 위한 것이기 때문에 시간이 부족하다면 건너뛰어도 좋다.

항목	내용
포스트명	해당 포스트의 이름을 적어둔다.
콘셉트	타이틀과 시리즈를 참고해 어떤 콘셉트로 포지셔닝하고 있는지 확인한다. 종합 경제 포스트인지, 재테크 전문 포스트인지 등을 파악해 기록해둔다.
전문 분야	해당 포스트가 주로 작성하는 콘텐츠의 분야를 짧막하게 적어둔다.
노출 주제판	해당 포스트에서 작성한 콘텐츠가 주로 노출되는 주제판을 적어둔다. 다른 콘텐츠에 비해 유난히 조회수가 높은 콘텐츠들을 참고해 해당 콘텐츠가 어떤 주제판에 노출되었을지 추린 후 댓글이 달린 시간을 참고해 해당 날짜의 주제판을 확인하면 된다.
시리즈	어떤 시리즈를 연재하고 있으며 시리즈별로 인기 있는 콘텐츠에는 어떤 것들이 있는지 확인해본다.
운영형태	정보성 글만 올라오는지 아니면 상업적인 내용도 함께 올라오는지를 파악해보고 둘의 비율도 파악해 적어둔다.
발행주기	콘텐츠가 어떤 주기로 올라오는지를 확인한다. 하루에 몇 건이나 올라오는지, 발행 주기와 시간은 어떻게 되는지를 파악해 적어둔다.
추가 운영 채널	포스트 외에 추가로 운영되는 채널에는 어떤 것들이 있는지 확인한다. 대게는 프로필 페이지에 등록이 되어 있으며 콘텐츠 하단에 링크로 등록이 되어 있을수도 있다.
운영기간	스크롤을 끝까지 내려 처음 글을 발행한 날짜를 확인해본다. 작성한 글 수가 100건 이상이라면 굳이 확인할 필요 없이 장기간 운영되었다고 적어두면 된다.
운영주체	해당 포스트를 운영하는 주체가 개인인지 기업인지 파악해 둔다. 기업이라면 어떤 기업이 무슨 목적으로 이 포스트를 운영하고 있을지 고민해본다.
특징	특이 사항이 있다면 기록해둔다.

▲ 분석보고서 항목의 관련 내용

항목	내용
포스트명	포스트A
콘셉트	직업, 재테크와 관련된 정보 전달
전문 분야	직업, 재테크
노출 주제판	경제M, 잡앤, 비즈니스
시리즈	주제에 따라 구분
운영형태	특별한 것 없이 정보성 콘텐츠만 올라옴
발행주기	불규칙
추가 운영 채널	없음
운영기간	2년 이상이지만 최근에는 업데이트 빈도가 줄어듬
운영주체	개인으로 추정
특징	없음

▲ 분석 보고서 샘플 1

항목	내용
포스트명	포스트B
콘셉트	자사 서비스의 특징을 그대로 어필
전문 분야	경제, 업무 스킬
노출 주제판	경제M, 잡앤
시리즈	주제판의 인기 카테고리와 통일
운영형태	자사 상품을 콘텐츠화해서 다른 콘텐츠와 함께 발행
발행주기	일정하지 않음
추가 운영 채널	홈페이지에 동일한 콘텐츠가 등록되고 있음
운영기간	1년 이내
운영주체	교육 콘텐츠를 제공하는 스타트업
특징	활성화에 6개월 가량 소요

▲ 분석 보고서 샘플 2

항목	내용
포스트명	포스트C
콘셉트	직업과 관련된 흥미로운 콘텐츠
전문 분야	직업 관련 이슈
노출 주제판	잡앤, 경제M
시리즈	주제별로 구분
운영형태	홈페이지로 링크 유입 후 광고 수익 창출
발행주기	매일 2건 이상
추가 운영 채널	쇼핑몰, 홈페이지, 페이스북, 카카오톡 채널
운영기간	포스트는 1년 이내지만 페이스북은 수년 전부터 운영
운영주체	인터넷 언론사
특징	메인노출 후 쇼핑몰 링크 추가

▲ 분석 보고서 샘플 3

| Chapter |

03

포스트 작성하기

포스트는 차별화된 콘셉트와 양질의 콘텐츠가 핵심이다. 특별할 것 없는 포스트로 뻔한 콘텐츠를 작성한다면 주제판 담당자는 물론 그 어떤 독자들도 관심을 가지지 않을 것이다. 이번 챕터를 통해 자신만의 포스트 운영 계획서를 작성해보고 시선을 사로잡는 콘텐츠 기획 및 작성법도 확인해보자. 포스트 운영의 꽃이라 할 수 있는 메인노출에 꼭 필요한 요소들을 포함하고 있으니 콘텐츠 작성에 도움이 될 것이다.

LESSON

포스트 만들기

본격적으로 본인만의 포스트를 만들어볼 차례다. 벤치마킹 분석 보고서를 토대로 자신만의 포스트의 운영 계획서를 작성해보고 포스트를 개설해 시리즈까지 등록해보자. 이미 포스트를 운영 중이라면 이번 기회에 포스트를 새롭게 리뉴얼해 보는 것도 좋다.

1 _ 포스트 운영 계획서 작성하기

분석 보고서를 바탕으로 앞으로 본인의 포스트를 어떻게 운영할지 계획서를 간단하게 작성해보자. 먼저 목표 주제판을 설정하고 어떤 분야의 콘텐츠를 주로 작성할 것인지 결정한다. 본인만의 차별화된 콘셉트를 기획한 뒤 거기에 어울리는 포스트명을 정하고 타이틀과 소개글도 작성하도록 한다.

항목	내용
포스트명	
콘셉트	
목표 주제판	
분야	
발행주기	
타이틀	
소개글	
프로필 이미지	
커버 이미지	

▲ 포스트 운영 계획서 양식

항목	내용
포스트명	짧고 명확하게 작성하는 것이 좋다. 포스트명이 검색으로도 걸릴 수 있기 때문에 한글로 정하는 것이 좋으며, 다른 포스트 및 채널 이름과 겹치지 않아야 한다. 확정하기 전에 미리 검색해서 유사한 이름이 없는지 확인해보도록 하자.
콘셉트	남들과 겹치지 않는 것이 중요하다. 이미 너무 많은 전문 포스트가 존재하기 때문에 그 사이에서 눈에 띄기 위해서는 명확하지만 차별된 콘셉트를 정할 필요가 있다. 이미 직장인과 관련된 콘텐츠가 많기 때문에 '직장인 퇴사 꿀팁 전문 포스트'처럼 세분화된 콘셉트를 기획할 필요가 있다.
목표 주제판	노출되고 싶은 주제판을 하나만 정한다. 하나의 주제판에서만 확실하게 노출되어도 다른 주제판까지 함께 노출될 수 있으니 일단은 목표로 하는 주제판에만 집중하는 것이 좋다.
분야	다양한 콘텐츠가 있겠지만 그 중에서 주력으로 작성할 콘텐츠 분야를 두 가지 정도 정하는 것이 좋다. 하나는 노출 가능성이 높은 콘텐츠로 하고, 다른 하나는 포스트의 정체성에 꼭 맞는 것으로 정해보자.

발행주기	처음부터 무리할 필요는 없다. 초기에는 2주일이나 일주일에 한 건의 콘텐츠 작성을 목표로 하고, 상황에 따라서 천천히 늘려보자.
타이틀	포스트명을 한 마디로 설명해줄 수 있는 짧은 문구가 좋다. 너무 길면 눈에 들어오지 않기 때문에, 포스트명을 본 후 타이틀을 보면 이 포스트가 어떤 방향성을 갖고 있는지 한 눈에 알 수 있도록 해야 한다.
소개글	타이틀과 유사한 느낌으로 작성하는 것이 좋다. 콘텐츠 화면 하단의 포스트 팔로우 버튼 위에는 타이틀이 아닌 프로필의 소개글이 표시되기 때문이다. 소개글은 최대 600 byte까지 작성할 수 있지만 줄바꿈을 지원하지 않기 때문에 길고 복잡하게 작성할 경우 팔로우를 유도하는데 효과적이지 않을 수 있다. ▲ 팔로우 버튼 상단에 표시되는 소개글 ▲ 비슷한 내용을 짧게 정리한 사례
프로필 이미지	색깔과 형태가 분명한 상징적인 느낌의 아이콘으로 설정하는 것이 좋다. 글자를 넣을 경우 포스트 첫 화면에서는 글자가 잘 보일지 몰라도 모바일 화면이나 콘텐츠 화면 하단의 프로필 화면에서는 가독성이 떨어질 수 있다. 기본으로 등록되어 있는 프로필 사진의 사이즈는 180x180이며 정사각형으로 제작하면 된다. 실제로 등록했을 때 주변부가 동그랗게 잘리니 참고하자. ▲ PC에서 본 포스트 프로필 이미지

▲ 모바일에서 본 포스트 프로필 이미지   ▲ 프로필 이미지를 변경한 상태

포스트의 콘셉트를 가장 잘 살릴 수 있는 대표적인 이미지로 설정하는 것이 좋다. 1024x388 사이즈로 제작하면 되고, 모바일에서는 좌우가 잘리기 때문에 살려야 할 포인트가 있다면 중앙 가까이 배치해 제작하는 것이 좋다. 등록 후에는 꼭 모바일에서 어떻게 보이는지 확인하도록 하자.

▲ PC에서 본 포스트 커버 화면

커버 이미지

▲ 모바일에서 본 포스트 커버 화면

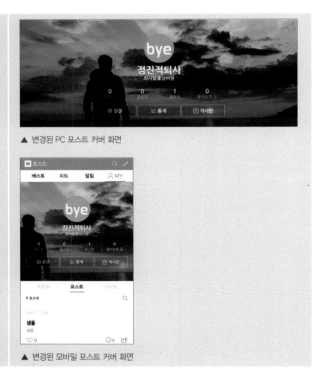

▲ 변경된 PC 포스트 커버 화면

▲ 변경된 모바일 포스트 커버 화면

▲ 포스트 운영 계획서 양식

항목	내용
콘셉트	퇴사를 준비하는 직장인들에게 도움이 되는 정보를 제공하는 포스트
포스트명	점진적퇴사
목표 주제판	경제M, 잡앤
분야	재테크, 직장생활
발행주기	주 1회. 매주 수요일
타이틀	회사탈출넘버원
소개글	회사탈출넘버원
프로필 이미지	새로운 시작을 나타내는 이미지
커버 이미지	퇴사를 의미하는 bye로 만든 이미지

▲ 포스트 운영 계획서 샘플

2 _ 포스트 만들기

앞서 작성한 포스트 운영 계획서를 바탕으로 포스트를 만들면 된다. 포스트는 계정 생성과 함께 개설되기 때문에 운영원칙만 동의하면 바로 사용할 수 있다.

01 로그인 후 포스트탭에서 내 포스트(❶)를 선택한다.

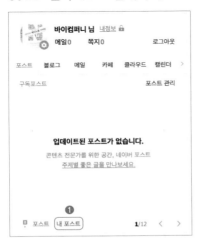

02 포스트 화면 하단의 [포스트 쓰기] 버튼(❶)을 누른다.

03 운영원칙 동의 페이지로 이동 후 [동의] 버튼(❶)을 누르면 포스트가 활성화
된다.

04 포스트로 다시 들어가보면 배경과 포스트명이 변경된 것을 확인할 수 있다.
설정 버튼(❶)을 누른다.

05 프로필 수정 영역으로 이동한 후 닉네임과 타이틀을 입력한다.

06 앞서 소개한 내용을 참고해 프로필 사진과 커버 이미지를 적절하게 변경한다.

07 소개글과 경력 및 활동, SNS & 웹 사이트 정보를 채운 후 우측 상단의 [완료] 버튼(❶)을 누른다.

08 포스트 화면을 최종적으로 확인한다.

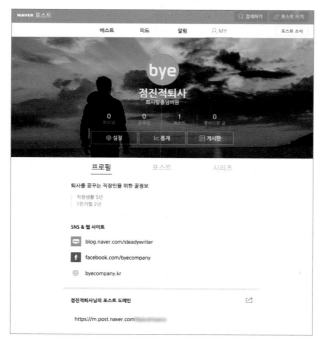

3 _ 시리즈 구성하기

포스트를 만들고 난 후 가장 먼저 할 일은 시리즈를 구성하는 것이다. 바로 콘텐츠를 작성할 수도 있지만, 시리즈에 포함하는 것이 노출이나 팔로우 등 여러 면에서 유리하다. 초기에는 하나의 시리즈만 먼저 만들어 연재하는 것이 좋다. 기획한 시리즈를 미리 만들어두기보다 일단 하나의 시리즈를 개설하고 콘텐츠를 연재하면서 차츰 늘려가는 것이 좋다.

참고로 시리즈를 너무 세분화하는 것은 좋지 않다. 시리즈가 10개 이상으로 늘어날 경우 독자의 입장에서는 너무 복잡해 보일 수 있기 때문이다. 출판사에서 서로 다른 책을 시리즈로 소개하는 것처럼 시리즈간의 차이가 명확하다면 모를까, 애매하게 제목만으로 내용을 구분하는 것은 혼란을 줄 수 있으니 참고하도록 하자.

시리즈 기획에 참고할만한 정보를 얻고 싶다면 포스트홈을 방문해보자. 최상단 배너를 통해 추천 시리즈를 소개해주고 있으니 이 곳을 참고하면 된다. 과거에는 정주행하기 좋은 시리즈를 '네이버 포스트 소식' 포스트를 통해 소개했으나, 현재는 포스트홈을 통해서만 소개하고 있다.

▲ 포스트홈 추천 시리즈 배너

01 포스트 화면에서 '시리즈' 탭을 누른(❶) 후 [시리즈 만들기] 버튼(❷)을 누른다.

02 다시 한 번 더 [시리즈 만들기] 버튼(❶)을 누른다.

03 시리즈명을 입력(❶) 후 적합한 주제를 선택(❷)한다.

04 시리즈를 나타낼 수 있는 태그를 추가(❶)한 후 [확인] 버튼(❷)을 누른다.

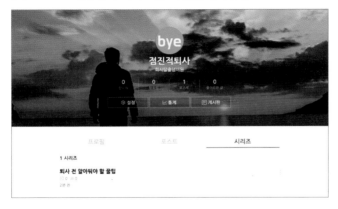

05 시리즈가 추가된 것을 확인할 수 있다. 첫 콘텐츠를 등록하면 대표 이미지가 자동으로 설정된다.

06 포스트 화면에서 시리즈를 확인할 수 있다.

콘텐츠 기획하기

포스트 콘텐츠는 항상 네이버 메인에 노출될 수 있다는 생각으로 작성해야 한다. 혹시라도 메인에 노출되었을 때 논란이 될 수 있는 부분이 있다면 기획 단계에서부터 제외하는 것이 좋다. 포스트 콘텐츠를 기획하는데 꼭 알아야 할 부분들을 살펴보도록 하자.

1 _ 반드시 고려해야 할 2가지 포인트

포스트 콘텐츠를 만들 때는 다음 두 가지를 항상 고려해야 한다.

첫 번째는 모바일 가독성이다.
포스트는 모바일과 PC 두 가지 경로로 유입되지만 보통 모바일을 통한 유입이 더 높다. 그런데 콘텐츠는 주로 PC에서 등록하다보니, 모바일에서 어떻게 보이는지 생각하지 않고 콘텐츠를 만드는 사람들이 많다. 스마트에디터가 제공하는 기능을 활용해 모바일 화면을 미리 확인해보자.

▲ PC에서 보이는 화면

확인하는 방법은 간단하다. 콘텐츠 작성 후 스마트에디터 상단에 있는 아이콘(❶)을 한 번씩 눌러보면 된다. 스마트폰, 태블릿, 데스크탑 아이콘을 누르면 각각의 기기에서 이 콘텐츠가 어떻게 보이는지 확인할 수 있다.

PC에서 작성한 콘텐츠는 모바일에서 확인했을 때 가독성이 떨어지는 경우가 많기 때문에, 콘텐츠 작성 후 이 미리보기 기능을 활용해 스마트폰에서 어떻게 보이는지 확인해보고 발행하는 것이 좋다.

▲ 모바일에서 보이는 화면

두 번째는 독자들의 반응이다.

일반적인 블로그 포스팅에 달리는 댓글은 상당히 부드럽다. 블로그 주인과 이미 친분이 있는 경우가 대부분이며, 검색을 통해 들어오더라도 친목을 도모하고 정보나 팁 등 도움을 얻어가는 입장이기 때문에 날카로운 댓글을 남기지는 않는다. 그러나 동일한 글이 네이버 메인에 소개되면 상황이 완전히 달라진다.

TIP

메인노출 되었을 때마다 홍보 댓글, 분란 댓글, 공격적인 댓글을 남기는 이들이 있다면 댓글 옆의 버튼을 눌러 작성자를 신고하거나 차단하자. 댓글 쓰기가 차단된 사용자는 설정의 댓글 차단 항목을 통해 확인할 수 있으며 언제든 차단을 해제할 수 있다.

▲ 블로그에 달리는 댓글

대부분의 독자들은 네이버 메인에 올라오는 콘텐츠에 대한 기대치가 높기 때문에 상당히 날카로운 댓글을 남긴다. 이를 가장 잘 확인할 수 있는 곳이 바로 네이버 뉴스의 댓글창이다. 네이버 메인을 통해 불특정다수에게 노출된 기사에는 기사 내용은 물론, 기사를 쓴 기자를 향해서도 공격적인 댓글이 달리기 일쑤다.

▲ 뉴스에 달린 댓글

포스트로 작성한 콘텐츠가 네이버 메인에 노출되면 뉴스의 댓글창과 비슷한 일이 벌어진다. 에디터를 알지 못하는 낯선 독자들이 방문해 콘텐츠를 평가하고, 조금이라도 틈이 있다면 비난한다. 주제판에 따라 그 정도에는 차이가 있지만 혹시라도 잘못된 정보가 있거나 문제가 될 만한 내용을 포함하고 있다면 여지없이 부정적인 평가를 받게 된다.

▲ 포스트에 달린 댓글

따라서 포스트 콘텐츠를 작성할 때는 독자들의 반응을 미리 예상하고 충분히 대비하고 있어야 한다. 그 중 가장 기초적인 것이 바로 정확한 정보다. 일부 독자들은 문제가 되지 않는 것도 트집을 잡아 공격하기 때문에, 정보의 정확성만큼은 철저하게 점검해야 한다. 특히나 에디터의 실수를 지적하는 댓글이 베스트 댓글로 선정되면 곤란한 상황에 처할 수 있다.

과거에는 베스트 댓글이 자동으로 활성화되어 에디터가 손을 쓸 수 없었지만, 최근에는 이 댓글 기능을 끄거나 노출 방식을 변경할 수 있도록 업데이트됐다. 논란이 예상되는 콘텐츠에는 댓글을 달 수 없도록 하거나 댓글이 최신순으로만 보이도록 하는 것이 도움이 될 수 있다. 그러나 모든 댓글을 막고 일방적으로 하고 싶은 말만 하는 콘텐츠를 과연 누가 신뢰하고 선호할 지는 생각해 봐야 할 문제다.

▲ 댓글 설정 화면

2 _ 인기 콘텐츠의 3가지 요소

포스트 인기 콘텐츠는 포스트홈의 TOP 100 또는 루키 100 메뉴에서 확인할 수 있다. 이 곳에 소개되는 콘텐츠는 대부분 네이버 메인에 소개된 콘텐츠이기 때문에, 결국 포스트 인기 콘텐츠란 네이버 메인에 노출되는 콘텐츠라고 할 수 있다. 네이버 메인에 소개되는 인기 콘텐츠들은 다음 세 가지 요소를 갖추고 있을 확률이 높다.

첫 번째는 대중성이다.
네이버 메인은 사용자가 선호하는 분야에 따라 서른 개가 넘는 주제판으로 구분되어 있지만, 하나의 주제판 내에서도 사용자들의 취향은 조금씩 다르다. 네이버는 최대한 많은 사용자를 만족시키면서 앞으로도 계속 네이버 메인에 방문할 수 있도록 유도하기 위해, 모두가 공통적으로 관심을 가질 만한 콘텐츠를 네이버 메인에 배치한다.

▲ 독자들의 보편적인 관심사를 확인할 수 있는 주간 BEST

물론 소수의 취향을 만족시키는 콘텐츠를 완전히 배제하는 것은 아니다. 그러나 이러한 콘텐츠는 상대적으로 조회수가 떨어지기 때문에, 대중적인 콘텐츠에 비해 네이버 메인에 소개되는 빈도가 적고 노출되더라도 금방 메인에서 내려간다. 비슷한 주제의 콘텐츠가 네이버 메인에 반복적으로 소개되는 이유는 그만큼 인기 있는 주제이기 때문이다. 그러니 콘텐츠를 작성할 때는 8:2 정도의 비율로 대중적인 콘텐츠를 더 많이 작성하는 것이 더 좋다.

두 번째는 차별성이다.

앞서 설명한 것처럼, 사람들이 선호하는 주제는 대체로 비슷하기 때문에 유사한 주제의 콘텐츠가 네이버 메인에 자주 노출될 수밖에 없다. 그렇다고 매번 동일한 내용의 콘텐츠가 네이버 메인에 소개되는 것은 아니다. 대중적인 주제를 다루고 있더라도, 해당 주제를 풀어가는 방식이나 내용 구성에 차별성을 갖추고 있어야만 네이버 메인에 수월하게 노출될 수 있다.

▲ 흥미로운 기획이 돋보이는 푸드 콘텐츠

차별성이 다소 떨어지는 콘텐츠도 네이버 메인에 소개되기는 하지만, 그런 콘텐츠는 동일한 내용을 더 빠르고 정확하게 작성할 수 있는 언론사 에디터들의 차지다. 언론사에서 운영하는 포스트는 별다른 차별성이 없어도 이미 네이버 메인에 반복적으로 소개되고 있기 때문에, 그들과 경쟁하기 위해서는 남들이 시도하지 않는 방법을 시도하거나 뻔한 내용을 새롭게 구성하는 등 차별화된 모습을 보여줘야 한다.

세 번째는 신뢰성이다.

네이버는 믿을 수 있는 검색 결과를 제공하는 것만큼이나 네이버 메인에 소개하는 콘텐츠 선정에 신경을 쓴다. 네이버가 직접 선정해 메인에 소개하는 콘텐츠는 네이버가 스스로 신뢰성을 보장한다고 말하는 것이나 다름없기 때문이다. 그러나 담당자가 수많은 콘텐츠를 모두 읽고 내용을 검증할 수 없기 때문에, 네이버에서는 이미 신뢰성을 검증 받은 포스트 에디터의 콘텐츠나 뉴스를 선호하기 마련이다.

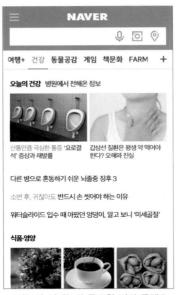

▲ 정보의 신뢰도가 중요한 건강 콘텐츠

정보의 신뢰성이 더 중요한 판이 있는가 하면 개인의 솔직한 의견이 더 중요한 판도 있다. 전자가 건강판이라면 후자는 푸드판이나 리빙판이다. 푸드판과 리빙판에는 본인만의 특별한 레시피와 살림팁이 자주 올라오기 때문에 개인의 솔직한 후기를 다루는 블로그가 더 많이 노출된다. 콘텐츠의 특성에 따라 차이가 있기 때문에 포스트 콘텐츠를 작성할 때는 뉴스 못지않은 신뢰성을 갖추는 것은 무척 중요하다.

3 _ 콘텐츠 기획하기

벤치마킹하기 위해 정리해 두었던 콘텐츠를 다시 살펴보자. 포스트 콘텐츠 작성이 처음이라면, 기존의 인기 콘텐츠와 관련된 콘텐츠를 작성하는 것부터 시작해보는 것이 좋다. 기존 콘텐츠의 후속 콘텐츠가 나온다면 어떤 것이 좋을지, 기존 콘텐츠의 콘셉트를 다른 주제에 적용해보면 어떨지, 기존 콘텐츠를 읽은 독자들은 어떤 내용이 더 궁금할지 다양한 관점에서 생각해보고 나만의 새로운 콘텐츠 리스트를 작성해보자.

소스	아이디어
현실적인 직장인 부업	퇴근 후 할 수 있는 간단한 부업 5가지
직장인 부업의 현실적인 문제점	부업 전 꼭 알아야 할 5가지
투잡으로 2천만원 버는 방법	투잡으로 30만원 만드는 현실적인 방법
직장인 5명 중 1명 알바한다. 수입은?	직장인이 바라는 현실적인 투잡 수익은?
아마존 셀러로 직장인 투잡 뛰기	전자책 쓰기로 투잡 뛰기

▲ 콘텐츠 기획 예시

콘텐츠를 기획할 때 많은 사람들이 간과하는 문제가 있는데, 바로 이미지다. 아무리 좋은 기획이라도 이미지가 없으면 정작 콘텐츠를 작성할 때 어려움을 겪게 된다. 따라서 본문에 적합한 이미지를 구할 수 있는지, 이미지를 사용할 때 저작권과 관련된 문제는 없는지 기획 단계에서 미리 따져봐야 한다. 특정 이미지가 꼭 필요한 콘텐츠는 미리 확인해보고, 해당 이미지를 구하기 어려울 것 같다면 진행하지 않는 것이 좋다. 예를 들어 세계 최초의 가전제품에 대한 콘텐츠는 작성 도중 이미지를 구하지 못해 진행하지 못할 수도 있다.

10개 정도의 주제를 뽑았다면 어떤 콘텐츠를 먼저 작성할지 순서를 정해보자. 콘텐츠를 작성하는데 소요되는 시간과 실제로 해당 콘텐츠를 발행하는 시기의 적절성 등을 고려해 순서를 정하면 된다. 순서를 정리한 뒤에는 구체적인 날짜를 결정하고, 가제를 생각해보자. 제목은 콘텐츠의 방향을 잡아주는 등대와 같기 때문에 미리 정해놓고 시작하는 것이 좋다. 되도록 간결하고 명확하며, 제목만 봐도 어떤 콘텐츠인지 한 눈에 알 수 있어야 한다. 최종 제목은 콘텐츠를 다 작성한 뒤 종합적인 내용을 고려해 다시 결정한다.

발행 내용	발행 일정
직장인이 바라는 현실적인 투잡 수익은?	10월 1주차
투잡으로 30만원 만드는 현실적인 방법	10월 2주차
퇴근 후 할 수 있는 간단한 부업 5가지	10월 3주차
부업 선택 전 꼭 알아야 할 5가지	10월 4주차
전자책 쓰기로 투잡 뛰기	10월 5주차
전자책 부업 시 꼭 알아야 할 것	11월 1주차
팔리는 전자책의 5가지 특징	11월 2주차

▲ 콘텐츠 발행 일정 예시

다음으로 콘텐츠의 유형을 정해야 한다. 포스트 콘텐츠는 일반형과 카드형 두 가지 형태가 있으며, 어떤 형태를 선택하느냐에 따라 콘텐츠의 분량이나 내용의 구조가 달라진다. 따라서 기획 단계에서 이를 명확하게 결정하고 콘텐츠 작성을 시작해야 한다. 일반형과 카드형의 장단점을 따져보고 콘텐츠에 적합한 유형을 선택하면 된다.

포스트에서 가장 많이 사용되는 유형은 일반형이다. 주로 텍스트가 많은 콘텐츠에 적합하며, 에디터가 자유롭게 꾸미고 사진을 배치할 수 있다는 것이 강점이다. 블로그와 같은 스마트 에디터를 사용하기 때문에, 블로그 포스팅에 익숙한 사용자라면 무리 없이 작성할 수 있을 것이다. 일반형으로 콘텐츠를 작성할 때 특별히 고려해야 할 것은 모바일 가독성이다. 카드형은 레이아웃이 모바일에 최적화되어 있지만, 일반형은 PC에서 보이는 것과 모바일 화면에서

▲ 일반형 콘텐츠

보이는 것이 달라 가독성이 떨어질 수 있으니 콘텐츠 작성 후 미리보기 기능을 통해 꼭 확인해 봐야 한다.

반면 카드형은 텍스트가 적은 콘텐츠에 적합하다. 짧은 내용을 이미지와 함께 명확하게 전달하고자 할 때 효과적이며, 특히 스마트폰에서 화면을 넘겨가며 읽을 수 있어 모바일 가독성이 좋다. 한때는 카드형으로 작성한 콘텐츠가 메인노출에 더 유리하다며 너도나도 카드형으로 콘텐츠를 작성했지만, 메인노출과 콘텐츠의 유형은 별다른 연관성이 없다.

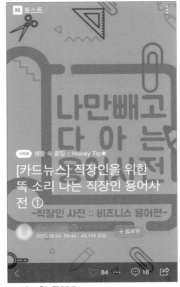

▲ 카드형 콘텐츠

카드형은 레이아웃이 정해져 있기 때문에 일반형에 비해 텍스트나 이미지 활용이 한정적이다. 따라서 많은 에디터들이 포토샵과 같은 별도의 디자인 프로그램을 사용하며, 일부 에디터들은 카드형 콘텐츠를 별도로 제작해 일반형으로 업로드하기도 한다. 옆으로 넘겨보는 방식보다 아래로 스크롤하는 방식을 선호하는 사용자들을 위해서다. 또한 이미지만 등록할 경우 검색에 노출되지 않기 때문에 하단에 텍스트를 별도로 추가해야 하는 경우도 생긴다. 그러니 포스트의 콘셉트를 살리기 위한 것이 아니라면, 일반형으로 작성하는 것을 추천한다.

콘텐츠 작성하기

콘텐츠 기획을 마쳤다면 본격적으로 콘텐츠를 작성해보자. 기본
형과 카드형 두 가지 유형에 맞는 콘텐츠 작성법을 살펴보고 상
황별 콘텐츠 생산 전략도 확인해보자.

1 _ 기본형 콘텐츠 작성하기

기본형 콘텐츠는 다시 두 가지 유형으로 나눌 수 있는데, 첫 번째는 아티
클(article)형이다. 특정 제품이나 서비스의 후기를 남기는 리뷰, 혹은 하
나의 메시지를 설득력 있게 풀어가는 일반 기사와 칼럼이 여기에 속한다.
두 번째는 리스트클(listicle)형으로, 어떤 주제에 적합한 정보들을 모아서
소개해주는 방식이다. 예를 들어 어떤 재테크 방법에 대해 집중적으로 소
개하는 것이 리뷰형이라면, 다양한 재테크 방법들을 모아 하나의 콘텐츠
로 소개하는 것이 리스트클형이라고 할 수 있다. 물론 이외에도 여러 가
지 유형의 콘텐츠가 있지만 이 두 가지가 대표적이다.

▲ 아티클형 콘텐츠

▲ 리스티클형 콘텐츠

기본형 콘텐츠를 쉽게 작성하기 위해서는 구조를 미리 만들어두는 것이
좋다. 먼저 제목을 정한 뒤 글의 흐름에 맞게 내용을 몇 가지 단락으로 나
누어 소제목을 붙인다. 하나의 소제목에는 한 단락에서 두 단락 정도 들

어가는 것이 적당하다. 쓰고자 하는 콘텐츠가 아티클형일 경우에는 전체 내용을 서론, 본론, 결론으로 나누거나 연관성이 있는 단락끼리 묶어서 소제목을 붙일 수 있다. 이때 소제목은 해당 단락의 핵심 메시지를 요약하거나 흥미를 유발하는 문장이 된다. 반면 리스타클형은 보통 소개하고자 하는 하나하나의 항목들이 각각 하나의 소제목이 된다. 한 단락은 최대 다섯 줄 정도가 적당하다. 그보다 길어지면 모바일에서는 가독성이 떨어질 수 있다. PC에서는 다섯줄로 보이는 단락이 모바일에서는 열줄로 보인다고 생각하면 된다. 본문을 작성한 후 적절한 서문과 결문을 짤막하게 추가하면 완성도를 더욱 높일 수 있다. 이렇게 콘텐츠의 구조와 분량을 미리 정해두고 작성하면 무작정 써내려가는 것보다 더 빠르게 마무리 지을 수 있다.

▲ 아티클형 콘텐츠의 소제목과 단락

▲ 리스티클형 콘텐츠의 소제목과 단락

기본형 콘텐츠에서는 이미지의 위치도 신경 써야 한다. 지금 여러분이 보고 있는 이 책은 글로 쓴 내용 뒤에 관련 이미지를 보여주는 방식으로 되어 있다. 이렇게 글을 먼저 보여줄지 이미지를 먼저 보여줄지 결정하고 전체 내용에서 이 순서를 통일해야 한다. 보통 한 단락에 하나의 이미지를 첨부하는 것이 일반적이며, 이미지가 너무 많거나 적어도 가독성이 떨어져 내용의 이해를 방해할 수 있다.

그리고 마지막으로 엄청난 금액이 당첨된 해외부부의 사례를 한번 보겠습니다. 한국에서는 로또가 인기지만 북미 지역에서는 '파워볼'(Powerball)이라는 복권이 최고의 인기라고 하죠. 미국 플로리다에 사는 데이비드 캉츠슈미트와 모린 스미스 부부는 무려 5억2807만 달러 (한화 약 6100억원)에 당첨되었는데요. 수령 방법은 두 가지로 연금 형식 또는 일시불 수령이 있는데 거의 2400억을 손해보고 약 3700억을 일시불로 수령했다고 합니다.

기간 동안 4.5배나 뛰었다. 일본의 MLCC 제조업체인 '무라타'와 '다이오유덴'의 주가는 각각 20.6%, 99.0% 상승했다. 글로벌 MLCC시장 점유율 2위인 삼성전기는 1위(무라타)와 점유율 격차를 좁히고 있다. 국내외적으로 이들 업체 주가는 상반기 실적 발표 후 이익실현 매물이 본격적으로 출회되고 주식시장의 전반적인 약세로 하락 조정받고 있다. 그러나 친환경시대, 4차 산업시대가 도래해 MLCC 수요가 계속 증가하는 상황에서는 조정기간을 거친 후 주가 재상승을 기대해볼 만하다.

MLCC와 쌀. /사진제공=삼성전기

▲ 이미지를 먼저 보여주는 콘텐츠　　▲ 이미지를 나중에 보여주는 콘텐츠

실제로 기본형 콘텐츠를 등록하는 과정을 간단하게 살펴보자. 블로그를 운영해봤다면 어려움 없이 기본형 콘텐츠를 등록할 수 있을 것이다.

포스트와 블로그는 스마트에디터라는 글쓰기 도구를 이용해 글을 작성한다. 두 서비스의 스마트에디터는 거의 동일하지만 몇 가지 차이점이 존재한다. 먼저 블로그의 스마트에디터는 이전 버전의 에디터로 작성할 수 있으며 모든 파일을 최대 10MB까지 추가할 수 있다. 그러나 포스트의 스마트에디터는 이전 버전으로 작성하는 것이 불가능하며 카드형과 일반형 두 가지로 작성할 수 있다. 더불어 파일 등록은 오디오 파일만 가능하며 전체 테마가 변경되는 스타일 기능을 지원한다. 포스트의 스마트에디터는 계속해서 업데이트 되고 있는데 새롭게 추가된 기능에 대해 알고 싶을 경우 네이버 포스트 소식(post.naver.com/eventW_post)의 '새로운 기능 오픈 및 개선 소식' 시리즈를 참고하면 된다.

01 제목과 서문을 입력한다. 서문은 3줄 이하로 짧게 작성하는 것이 좋다.

02 글쓰기 도구의 구분선(❶)을 활용하면 단락을 더 효과적으로 구분할 수 있다. 소제목 역시 인용구(❷)를 사용하면 눈에 띄게 변경할 수 있다. 구분선과 인용구는 다양한 디자인이 있는데, 여러 가지를 섞어 쓰는 것보다는 통일성 있게 선택하는 것이 좋다.

03 글쓰기 도구의 사진(❶)을 선택해 내용에 적합한 이미지를 추가한다. 이미지를 포함해 자주 쓰는 기능들은 화면 하단의 플러스(+) 버튼(❷)을 눌러 빠르게 추가할 수도 있다.

04 저작권 문제없이 무료로 사용할 수 있는 사진을 원할 경우 글쓰기 도구의 사진검색(❶)을 선택한다. 원하는 키워드로 검색(❷) 후 라이선스 옵션(❸)에서 유료를 체크해제하면 무료 이미지만 확인할 수 있다.

05 글감 검색을 선택하면 책, 영화, TV방송, 음악, 상품, 뉴스 등 네이버에 등록
된 다양한 소스의 링크를 추가해 내용을 더욱 풍성하게 만들 수 있다.

06 포함하고 싶은 링크가 있다면 글쓰기 도구의 링크 버튼을 선택할 필요 없
이 바로 본문에 추가하면 된다.

07 어딘가 밋밋하게 느껴진다면 스타일을 변경(❶)해 볼 수도 있다. 스타일을 변경하면 테마 컬러(❷) 뿐 아니라 구분선과 인용구의 디자인(❸)도 달라지니 본문에 가장 어울리는 것으로 선택하면 된다.

08 작성이 마무리되었다면 맞춤법 검사를 통해 최종적으로 내용을 점검해준다.

09 현재 글의 구조를 다음에도 사용하고 싶다면 템플릿을 선택(❶)해 전체 내용을 저장해 둘 수 있다. 내 템플릿(❷)에서 [현재글 추가] 버튼(❸)을 누르면 된다.

10 작성이 완료되었다면 태그 추가 후 [발행] 버튼(❶)을 누른다. 원하는 옵션을 선택한 후 [발행하기] 버튼(❷)을 누르면 최종적으로 등록이 완료된다.

일반형 콘텐츠를 최종 발행하기 전에는 해당 콘텐츠가 스마트폰에서 어떻게 보일지 확인해봐야 한다. 스마트 에디터 상단의 스마트폰 아이콘(❶)을 누르면 모바일에서 어떻게 보이는지 확인할 수 있으며, 글자가 너무 빽빽하거나 가독성이 떨어진다고 생각되면 줄 바꿈, 단락 나누기, 사진 추가 등을 통해 가독성을 확보하는 것이 좋다.

2 _ 카드형 콘텐츠 작성하기

카드형 콘텐츠는 기본형 콘텐츠와 달리 레이아웃이 제한적이기 때문에 이미지 선정과 글자 수에 더욱 신경을 써야 한다. 보통 커버 이미지 한 장, 서문과 결문이 한 장에서 두 장, 본문이 열 장 정도 들어가는데 아무리 길어도 스무 장을 넘기지 않는 것이 좋다. 그보다 길어지면 아무리 내용 구성이 좋아도 독자가 읽다 지칠 수 있다.

카드형 콘텐츠 역시 아티클형과 리스티클형으로 나눌 수 있다. 아티클형은 핵심 메시지를 간결한 내용으로 전달해야 하기 때문에 구성과 흐름에 더욱 신경을 써야 한다. 이때 주의할 점은 한 장의 카드에 적당한 분량의 텍스트만 넣어야 한다는 것이다. 레이아웃에 따라 차이가 있지만 스크롤이 생기지 않을 정도의 분량만 채우는 것이 좋다.

 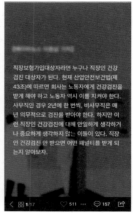 

▲ 아티클 콘텐츠

전문 인력이 있다면 스마트에디터의 다양한 레이아웃을 활용하지 않고 이미지를 별도로 제작해 등록할 수도 있다. 이때 본문에는 텍스트가 들어가지 않기 때문에 마지막 카드에 본문을 별도로 추가해줘야 검색에도 노출될 수 있다. 이미지를 별도로 제작할 때는 완성도와 가독성에 신경을 써야 한다. 완성도가 떨어진다면 아티클형으로 작성하는 것이 오히려 더 깔끔할 수 있다. 한 장의 카드에 너무 많은 텍스트를 넣을 경우 스마트폰으로 보기에 답답해 보일 수 있으니 시원시원하게 만드는 것이 좋다.

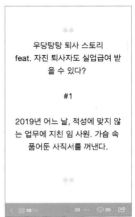

▲ 이미지로만 구성된 아티클 콘텐츠

리스티클형은 흥미로운 주제와 관련된 내용을 짧게 소개하는 것이 핵심이기 때문에 주제와 소개할 아이템들의 선정이 무척 중요하다. 예를 들어 '집에서 할 수 있는 부업'이라는 제목으로 유튜브, 블로그, 중고거래 등 다소 식상한 방법들을 짧게 소개하는 것은 아무런 의미가 없다. 리스티클형은 사람들이 미처 알지 못했던 부분을 소개해주는 것이 핵심이다. 내용이 어느 정도 예상되는 주제라면 식상하지 않은 항목을 반드시 채워주는 것이 좋다.

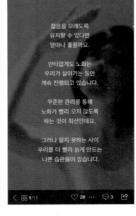

▲ 리스티클 콘텐츠

실제로 카드형 콘텐츠를 등록하는 과정을 간단하게 살펴보자. 카드형 콘텐츠를 제작하는 방법은 여러 가지가 있지만, 이 책에서는 스마트 에디터 내에서 할 수 있는 작성 방법을 기준으로 소개하고자 한다.

01 콘텐츠 유형을 기본형에서 카드형(❶)으로 변경한다.

02 표지의 이미지 버튼(❶)을 눌러 커버 이미지를 추가하고 제목을 입력한다. 이미지에 제목이 포함되어 있다면 제목 숨기기(❷)를 눌러 제목을 가릴 수 있다.

03 첫 번째 카드에는 서문을 입력한 후 카드 상단의 첫 번째 버튼(❶)을 눌러
이미지를 추가한다. 다음으로 레이아웃 변경 버튼(❷)을 선택한다.

04 첫 번째 카드를 원하는 레이아웃으로 변경(❶)한 후 [+추가] 버튼(❷)을 눌
러 새로운 카드를 추가한다.

05 같은 분량이라도 레이아웃에 따라 다르게 보일 수 있으니 작성한 본문 길이에 적합한 레이아웃을 선택하는 것이 좋다.

06 일반형과는 다른 스타일(❶)을 제공하니 본문에 적합한 것이 있다면 적용해보자.

07 링크/오디오/장소를 선택(❶)하면 원하는 링크를 추가할 수 있다. 링크는 마지막 카드에 하나 정도만 넣는 것이 좋다.

08 현재 글의 구조를 다음에도 사용하고 싶다면 템플릿을 선택(❶)해 전체 내용을 저장해 둘 수 있다. 내 템플릿에서 [+ 현재글 추가] 버튼(❷)을 누르면 된다.

09 마지막으로 결문과 태그를 추가한 후 다시 한 번 전체 내용을 점검해준다. 카드형은 맞춤법 검사를 제공하지 않기 때문에 더 꼼꼼히 봐야 한다.

10 작성이 끝났다면 좌측 상단의 [발행] 버튼(❶)을 눌러 일반형 콘텐츠와 동일한 방법으로 발행을 완료한다.

카드형은 레이아웃이 정해져있기 때문에 모바일 가독성을 고려하거나 이미지 위치를 조정할 필요가 없다. 다시 한 번 내용을 점검하고 대표 이미지가 잘 설정 되었는지 확인한 뒤 바로 발행하면 된다. 발행 후에는 다시 한 번 콘텐츠를 점검하는 것도 잊지 말자.

카드형은 핵심 정보를 간략하게 전달하는데 적합하지만, 그 핵심 정보가 널리 알려진 것이거나 누구나 생각할 수 있는 것이어서는 안 된다. 모두가 궁금해 하는 복잡한 이야기를 간단하게 정리할 수 있거나 남들이 미처 알지 못했던 정보들을 핵심만 간략하게 소개할 수 있어야 카드형이 빛을 발할 수 있는 것이다. 개인적으로는 카드형 콘텐츠를 작성하기 전에, 먼저 일반형 콘텐츠로 실력을 쌓은 후 도전하는 것을 추천한다.

3 _ 상황별 콘텐츠 생산 전략

포스트 콘텐츠는 양보다 질에 신경을 써야 하기 때문에 블로그 포스팅처럼 매일 두 건씩 쓰기가 어렵다. 본인의 상황에 맞는 콘텐츠 생산 주기와 운영 전략을 알아보자.

포스트를 처음 시작할 때는 한 달에 다섯 건 정도의 콘텐츠 발행을 목표로 전체 일정을 느슨하게 잡는 것이 좋다. 특히 모든 콘텐츠를 혼자서 작성해야 한다면 일주일에 한 건을 작성하기도 버거울 수 있으니, 미리 한 달 분량의 콘텐츠를 만들어 놓고 본격적인 포스트 운영을 시작해야 한다. 만약 일주일에 한 건씩 발행하는 것을 목표로 한다면 네 건의 콘텐츠를 미리 쌓아놓고 시작하는 것이다. 포스트는 빨리 시작하는 것보다 꾸준히 운영하는 것이 중요하니, 운영 중 콘텐츠 발행이 중단되는 일이 없도록 확실하게 준비해 두어야 한다.

▲ 임시저장 기능을 이용해 한 달 분량의 콘텐츠를 미리 등록한 모습

기존에 운영하고 있던 블로그가 있다면 블로그 포스팅을 포스트 콘텐츠로 재활용할 수 있다. 블로그에 작성한 포스팅 중에서 정보글만 선별해 재가공하는 것이다. 단, 기존에 작성한 글을 그대로 복사해 옮기는 것은 금물이다. 지금까지 설명한 바와 같이, 블로그와 포스트는 전혀 다르게 활용되고 있기 때문이다. 블로그 포스팅이 개인적인 경험을 바탕으로 솔직한 의견을 전달하는 것을 지향한다면, 포스트 콘텐츠는 정확한 자료 조사를 통한 객관적인 사실 전달을 지향한다. 이를 무시하고 기존의 블로그 포스팅을 포스트에 그대로 붙여넣기 하는 것은 시간 낭비일 뿐이다.

▲ 포스트에 적합하지 않은 일반적인 포스팅

기존의 블로그 포스팅에서 불필요한 인삿말과 혼잣말을 모두 덜어내고 핵심 정보만 정리한 뒤, 앞서 소개한 포스트 콘텐츠 기획법, 작성법 등을 참고해 콘텐츠를 재가공해 보자. 포스트에서 사용할 수 있을 법한 포스팅 중에서 연관성이 높은 콘텐츠를 따로 엮어 시리즈로 기획해 보는 것도 좋은 방법이다. 동일한 내용이라도 어떻게 기획하고 연재하느냐에 따라 천차만별로 달라질 수 있기 때문에 기획에 대한 고민도 게을리 해선 안 된다. 이처럼 재활용할 수 있는 블로그 포스팅이 있다면 단 시간 내에 다량의 세이브 콘텐츠를 확보할 수 있어 포스트를 더욱 빠르게 시작할 수 있다.

> ### ✎ TIP
>
> 블로그에서 작성한 글을 그대로 옮기는 것은 아무 소용이 없다. 지금까지 강조한대로 포스트의 콘셉트에 적합한 전문 콘텐츠를 작성해야 하는데 블로그에 등록된 대부분의 글은 이 기준에 부합하지 못하기 때문이다. 괜찮은 콘텐츠가 있다고 하더라도 그대로 옮길 경우 중복문서로 처리되어 검색에 노출되지 않을 수 있으니 주의해야한다.

▲ 뉴스처럼 검증된 내용을 작성해야 하는 포스트 콘텐츠

기업 에디터 등 콘텐츠 제작자가 한 명 이상이라면 콘텐츠를 미리 쌓아둘 필요 없이 바로 포스트 운영을 시작해도 무방하다. 그렇지만 포스트 콘텐츠는 양보다 질이 훨씬 중요하다는 사실을 명심해야 한다. 많은 양의 콘텐츠를 올리는 것보다는 콘텐츠 하나하나에 공을 들이는 것에 집중하고, 일반형 콘텐츠는 물론 이미지를 활용한 카드형 콘텐츠나 오디오 콘텐츠 등 다양한 기획을 시도해보는 것이 좋다.

TIP

기업 내부에서 콘텐츠를 작성할 때 가장 많이 하는 실수는 노출되고자 하는 주제판의 특성과 포스트만의 문법을 모른채로 글을 쓴다는 것이다. 특정 분야의 경우 외부 필진이 대신 써줄 수 없기 때문에 내부에서 작성하게 되는데 블로그나 페이스북 글쓰기에 익숙하다보니 만족할만한 결과물을 얻기 힘들다. 이럴 때는 노출되기 원하는 주제판에 노출되는 다양한 콘텐츠들을 충분한 분석하고 연구해 본인들만의 스타일을 만들어야 한다. 시간이 촉박하다면 외부 전문가를 통해 교육이나 컨설팅을 받는 것도 방법이 될 수 있다.

▲ 정성이 많이 들어간 포스트 콘텐츠

콘텐츠를 만들어 낼 내부 인력이 없는 기업이라면 콘텐츠 기획만 내부에서 하고 원고 작성은 외부 필진에게 맡기거나, 포스트 운영의 전 과정을 대행사에 맡길 수도 있다. 그러나 마케팅 실무자가 포스트 운영의 핵심이라 할 수 있는 콘텐츠 기획 능력과 포스트 관리 능력을 갖추고 있다면, 원고 작성을 제외한 포스트 운영 전반을 외부에 맡길 필요는 없을 것이다.

> ✎ **TIP**
>
> 포스트를 운영할 인력이 없어 외부 전문가에 모든 것을 맡기는 기업이 대부분이지만 내부 실무자가 포스트 운영의 전반을 담당하고 외부 필진들에게 콘텐츠를 의뢰하는 기업도 적지 않다. 모든 분야의 전문가가 될 필요없이 자사 포스트 운영에 꼭 필요한 부분들만 잘 숙지하고 있다면 얼마든지 외부 필진들과 함께 포스트를 안정적으로 운영할 수 있다. 아이템 기획, 원고 배분, 원고 회수, 업로드, 메인노출 후 피드백 등 각각의 단계에 대해 충분한 경험과 지식이 있다면 얼마든지 혼자서도 하나의 포스트를 전문적으로 운영할 수 있다.

| Chapter |

04

포스트 운영하기

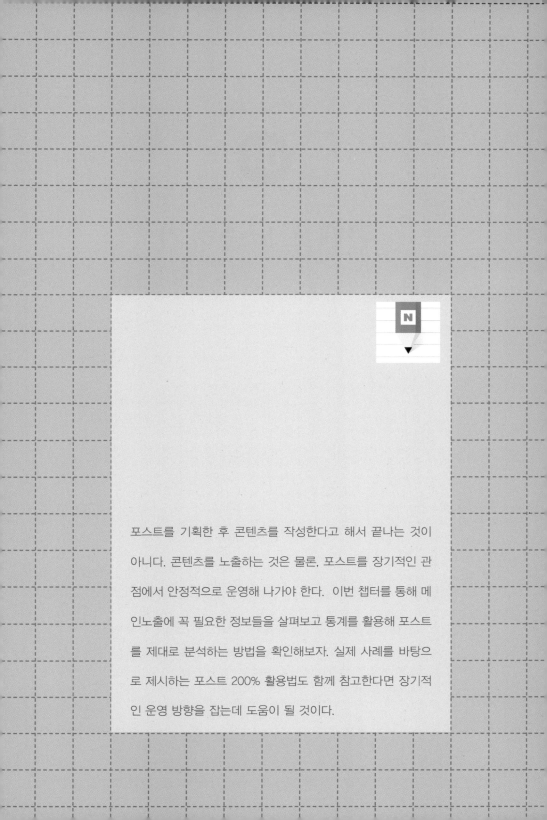

포스트를 기획한 후 콘텐츠를 작성한다고 해서 끝나는 것이 아니다. 콘텐츠를 노출하는 것은 물론, 포스트를 장기적인 관점에서 안정적으로 운영해 나가야 한다. 이번 챕터를 통해 메인노출에 꼭 필요한 정보들을 살펴보고 통계를 활용해 포스트를 제대로 분석하는 방법을 확인해보자. 실제 사례를 바탕으로 제시하는 포스트 200% 활용법도 함께 참고한다면 장기적인 운영 방향을 잡는데 도움이 될 것이다.

콘텐츠 노출하기

포스트 운영의 핵심은 네이버 메인노출이다. 메인노출에서 꼭 알아야 할 개념인 주제판, 운영사, 콘텐츠에 대해 살펴보고 메인노출은 어떻게 이루어지며 노출 이후에는 어떤 과정을 거치게 되는지 알아보자.

1 _ 네이버 메인 살펴보기

네이버 메인은 포스트가 반드시 노출되어야 하는 영역이다. 포스트를 활성화할 수 있는 방법에는 여러 가지가 있지만, 네이버가 직접 선정해 메인에 노출되는 것이 가장 빠르고 정확하며 뒤탈이 없다. 네이버 메인에 노출되기 위해 반드시 알아야 할 세 가지 개념들을 살펴보자.

메인노출에 앞서 가장 먼저 알아야 할 것은 바로 '주제판'이다. 네이버 메인에는 서른 개가 넘는 주제판이 존재한다. PC의 경우 화면 중앙에 주제판 메뉴가 존재하며 모바일은 각각의 화면이 하나의 주제판으로 구성되어 있다. 초기에는 10개 남짓한 주제판만 존재했으나 동물공감, 연애결혼, 비즈니스, 스쿨잼, FARM 등 새로운 주제판이 꾸준히 추가되고 있다. 여기에서 뿜, 웹툰, 쇼핑, 동영상과 같은 주제판은 네이버의 기존 서비스를 모바일 주제판으로 확장한 것이기 때문에 우리가 고려할 대상이 아니다. 이 같은 확장은 불과 지난 몇 년 사이에 일어난 것이며 성과 또한 고무적이기 때문에 추후 더 많은 주제판이 추가될 것으로 보인다.

▲ 네이버 메인 주제판

그렇다면 각각의 주제판에는 매일 얼마나 많은 사용자가 방문할까? 네이버광고 홈페이지에 등록된 '메인 주제판 모바일 & 통합 콘텐츠DA 상품 소개서'에는 책문화, 건강, 게임 등 일부 주제판을 제외한 19개의 주제판의 페이지뷰, 유저방문수, 설정자수가 소개되어 있다. 2018년 6월 기준으로 작성된 이 소개서에 따르면 일평균 1,300만 명의 사용자가 네이버 메인(PC)에 방문하고 있다. PC에서는 총 29개의 주제판이 랜덤으로 노출되므로, 각 주제판에는 약 45만 유저가 유입되는 셈이다. 모바일 수치는 다음과 같다.

주제판	페이지뷰	유저방문수	설정자수
푸드	580만	220만	비공개
자동차	550만	190만	비공개
경제M	360만	100만	비공개
리빙	250만	90만	비공개
패션뷰티	240만	90만	비공개
영화	160만	59만	350만
여행	150만	60만	420만
잡앤	150만	54만	460만
부모i	110만	42만	비공개
테크	100만	32만	150만
동물공감	82만	31만	230만
연애결혼	67만	28만	310만
비즈니스	55만	20만	190만
법률	52만	20만	210만
팜	51만	21만	230만
스쿨잼	51만	20만	150만
디자인	48만	19만	150만
공연전시	40만	16만	150만
중국	35만	12만	137만

▲ 모바일 주제판 활성화 지수

참고로 이 소개서에서 소개하고 있는 상품은 주제판의 PC와 모바일 메인에 롤링으로 노출되는 배너 광고다. 활성도가 가장 낮은 중국판도 모바일과 PC에서 일주일 동안 광고를 집행하는 데 천만 원 이상의 비용이 소요된다. 경우에 따라서는 이렇게 직접적인 광고도 필요하지만 이와 별개로 포스트 운영을 통해 자연스럽게 메인에 노출되는 것이 경제적으로 더 합리적인 선택이 될 수 있다.

▲ 콘텐츠DA 상품의 PC 노출 영역

다음으로 알아야 할 것은 '운영사'다. 서른 개가 넘는 주제판을 모두 네이버가 관리하는 것은 아니다. 네이버가 직접 관리하는 주제판이 있는가 하면, 네이버와 언론 및 기업의 합작회사가 운영하는 주제판도 있다. 네이버가 관리하는 대표적인 주제판은 패션뷰티판이다. 네이버는 패션뷰티판을 직접 관리하면서 뷰티 에디터 양성에 힘을 쏟고 있다. 합작회사가 관

리하는 대표적인 주제판은 한겨레와 네이버의 합작회사 씨네플레이가
관리하고 있는 영화판 등을 들 수 있다. 다음은 주제판별 운영사를 정
리한 표다.

주제판	운영사	네이버와 합작한 기업 및 언론
잡앤판	(주)잡스앤	조선일보
중국판	(주)차이나랩	중앙일보
비즈니스판	(주)인터비즈	동아일보
연애결혼판	(주)썸랩	문화일보
공연전시판	(주)아티션	경향신문
동물공감판	(주)동그람이	한국일보
영화판	(주)씨네플레이	한겨레
여행플러스판	(주)여행플러스	매일경제
법률판	(주)법률미디어	머니투데이
FARM판	(주)아그로플러스	한국경제신문
테크판	(주)테크플러스	전자신문
디자인판	(주)디자인프레스	디자인하우스
스쿨잼판	(주)스쿨잼	EBS

▲ 합작회사가 운영하는 주제판

마지막은 '콘텐츠'다. 주제판에 노출되는 콘텐츠는 네이버 서비스 내에 업
로드 된 콘텐츠에 한한다. 뉴스, 지식인, 카페, 블로그, 포스트, 폴라 등
은 네이버가 제공하고 있는 서비스이며, 여기에 등록된 콘텐츠가 네이버
메인에 노출되는 것이다. 여기서 주목해야 할 부분은 실제로 접근할 수
있는 루트가 어디냐 하는 것이다. 언론사만 등록할 수 있는 뉴스는 논외
이며, 지식인과 카페는 네이버 메인 전체를 봤을 때 노출 빈도가 낮아 큰
의미가 없다. 결국 우리가 접근 가능한 곳은 포스트, 블로그, 폴라 정도로
좁힐 수 있는데, 그 중 비중이 가장 높은 것이 바로 포스트다. 전문성이
있고 신뢰할 수 있는 콘텐츠가 포스트에 많이 올라오기 때문이다.

블로그는 사용자 개인의 솔직한 의견이 필요한 리빙판, 푸드판 등의 주제판에 주로 노출되며, 폴라는 패션뷰티판 중에서도 헤어멘토 등 일부 영역에만 노출된다.

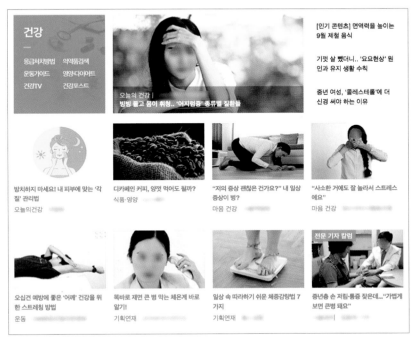

▲ 포스트의 비중이 높은 건강판

2 _ 네이버 메인에 노출하기

네이버 메인에 노출되는 모든 콘텐츠는 각 주제판의 담당자들이 직접 선정한다. 네이버가 관리하는 주제판들 중 일부는 인공지능 콘텐츠 추천 시스템인 에어스(AiRS)를 활용하기도 하지만 비중은 적다. 주제판 담당자들은 과연 어떤 콘텐츠를 메인에 노출할까? 본인의 개인적인 취향에 따를까? 결코 그렇지 않다. 그들은 주제판의 설정자수, 유저방문수, 페이지뷰 수를 최대한 높일 수 있는 콘텐츠를 선정한다. 이 수치들이 높아야 주제 판의 가치가 높아져 더 높은 수익을 창출할 수 있기 때문이다. 그들은 결국 사용자들이 조금이라도 더 많이 보고 긍정적으로 반응하는 콘텐츠를 메인에 반복적으로 노출할 수밖에 없다.

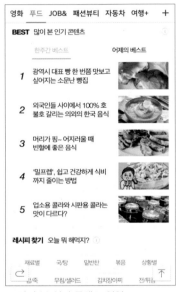

▲ 많이 본 인기 콘텐츠 영역

담당자는 특정 포스트의 콘텐츠만 메인에 노출하려고 하지 않는다. 밀어 주기가 아니냐는 오해를 받을 수 있기 때문이다. 그러나 별다른 대안이 없다면 양질의 콘텐츠를 꾸준히 만들어 내는 포스트를 반복해서 메인에 노출할 수밖에 없다. 일부 포스트 에디터들이 네이버 메인에 반복 노출되는 이유는 바로 이 때문이다. 네이버 모바일 메인을 기준으로 주제판 하나당 매일 스무 개에서 서른 개 이상의 콘텐츠가 필요하기 때문에 메인에 노출할 콘텐츠 수는 항상 부족하다.

네이버는 이 같은 콘텐츠 부족을 해소하기 위해 신규 에디터들을 꾸준히 발굴하고 있다. 포스트 서비스 운영 초기에는 네이버가 아닌 다른 채널에서 활동하고 있던 에디터들도 적극적으로 영입해 왔으며, 새롭게 운영을 시작한 포스트 중 양질의 콘텐츠를 작성하는 곳은 적극적으로 메인에 노출시켜 콘텐츠 생산을 독려하고 있다. 마치 신규 웹툰 작가를 양산하듯 실력 있는 포스트 에디터들을 양산하고 있는 셈이다. 우리는 이 기회를 잡아야 한다.

▲ 지원 정책을 확인할 수 있는 네이버 포스트 소식

그렇다면 우리의 포스트는 어떻게 메인에 노출될 수 있을까? 포스트 서비스가 오픈했을 때부터 수십 개의 기업 및 개인 포스트를 운영하고 지도했던 전문가의 입장에서는 무엇보다 참을성 있게 운영하라는 말을 하고 싶다. 누구나 할 수 있는 말이라고 생각할 수 있지만, 실제로 많은 포스트 에디터들은 포스트가 메인에 노출되기 전에 콘텐츠 작성을 그만두거나 한두 번 메인에 노출된 이후 포스트 운영을 중단해버린다.

그러나 메인노출의 기회는 전문성을 갖춘 콘텐츠를 꾸준히 만들어낼 때 찾아온다. 필자의 경우 가장 빠르게는 포스트 첫 글이 바로 메인에 노출된 적이 있으며, 길게는 3~4개월이 걸리기도 했다. 첫 메인노출 시점이 언제일지는 아무도 알 수 없으나 목표하는 주제판에 대한 이해도가 높으면 높을수록 기간을 조금이라도 단축시킬 수 있다는 것을 명심하자.

3 _ 메인노출 후 일어나는 일

포스트 운영에 꼭 필요한 메인노출. 네이버 메인에 노출되면 어떤 일이 일어날까? 본인이 작성한 콘텐츠가 네이버 메인에 노출된 이후 어떤 과정을 거치게 되는지 단계별로 살펴보자.

1단계	방문자 증가
2단계	콘텐츠 추가 소비
3단계	팔로워(구독자) 증가
4단계	검색 노출 활성화
5단계	브랜드 강화

❶ 1단계_ 방문자 증가

콘텐츠가 네이버 메인에 노출되었을 때 가장 먼저 두드러지는 것은 방문자 증가다. 콘텐츠가 노출되는 주제판과 위치에 따라 차이는 있지만, 한 번의 메인노출로 적게는 천에서 많게는 수십만 단위의 사용자가 방문하게 된다. 이때 유입량은 주제판의 활성화 정도와 밀접한 관련이 있다. 푸드판이나 자동차판 등 인기판에 노출될 경우 수만 조회수를 기록하지만, 비교적 활성화가 덜된 공연전시판이나 중국판 등에 노출될 경우 수천 조회수 정도에 그칠 수 있다. 메인노출된 콘텐츠의 조회수가 높고 사용자들의 반응도 좋았다면 다음 날에도 '어제의 베스트' 콘텐츠로 노출되거나 주간 베스트, 월간 베스트로 반복 노출될 수 있다. 그렇게 되면 조회수가 백만에 가까이 이르기도 한다.

▲ 일간 조회수 증가

❷ 2단계_ 콘텐츠 추가 소비

네이버 메인을 통해 유입된 방문자들은 포스트 내의 다른 콘텐츠도 함께 소비하게 된다. 본문에 소개된 추천 콘텐츠나 시리즈로 연결된 다른 콘텐츠로 이동할 경우 네이버 메인에 노출되지 못하는 콘텐츠의 노출율을 높일 수 있어 유용하다. 일부 방문자들은 배너 등을 통해 홈페이지로 이동하기도 하는데 이럴 경우 방문자에게 직접적으로 자사 상품이나 서비스를 어필할 수 있다.

▲ 추가로 소비된 콘텐츠들

❸ 3단계_ 팔로워(구독자) 증가

메인노출을 통해 포스트로 유입된 방문자들은 메인에 노출된 콘텐츠와 추가로 소비한 콘텐츠가 마음에 들었을 경우 자발적으로 팔로우 버튼을 누르게 된다. 이벤트를 통해 팔로우를 유도하거나 다른 포스트를 돌아다니면서 이른바 구독, 좋아요, 댓글 3종 세트를 남기고 맞팔 요청을 하지 않아도 자연스럽게 팔로워가 늘어나는 것이다. 이벤트나 친목성 맞팔로 만들어진 구독자들과 달리, 이렇게 메인노출을 통해 자연스럽게 늘어난 구독자들은 팔로우를 쉽게 취소하지 않는다.

나의 포스트 통계

일간 현황	방문 분석	사용자 분석	순위	📊 지표 다운로드

일간 현황 ?　　　　　　　　　　〈 2018.07.18. 📅 〉

조회수	좋아요수	댓글수	팔로워 증감수
101,657	**145**	**42**	**186**

▲ 일간 팔로워수 증가

❹ 4단계_ 검색 노출 활성화

검색 노출 때문에 포스트 운영을 고민하던 사람들이 가장 반가워할 만한 부분이 아닐까 싶다. 포스트 운영 초기에는 아무리 열심히 글을 써도 검색에 노출되지 않지만 네이버 메인에 반복적으로 소개될 경우 어느 순간부터 검색에 노출되기 시작한다. 모바일은 물론 PC 검색의 포스트 영역에도 노출될 수 있으며 경우에 따라서는 노출된 콘텐츠가 모바일 통합 검색 첫 페이지에 노출될 수도 있다. 메인노출은 네이버로부터 좋은 콘텐츠라고 인정을 받는 것이나 다름없기 때문에 포스트가 긍정적인 영향을 받는 것은 지극히 자연스러운 일이다.

일간 현황			〈 2018.07.23. 🗓 〉	
조회수 **6,730**	좋아요수 **7**	댓글수 **0**	팔로워 증감수 **1**	

조회수　방문 횟수　조회수 순위　**유입 경로**　성별, 연령별 분포

네이버 통합검색_모바일	**79.53%**		14.49%
네이버 통합검색_PC	15.13%		8.98%
네이버 포스트	4.02%		2.79%

▲ 검색 유입 활성화

❺ 5단계_ 브랜드 강화

메인노출의 성과 중 가장 의미 있는 것이 바로 브랜드 강화다. 일평균 3,000만 명의 사용자가 방문하는 네이버 메인에 반복적으로 노출되는 것은 브랜드를 알리는 광고 배너를 지속적으로 띄우는 것이나 다름없다. 기업이 원하는 홍보글이 아닌 사용자가 원하는 콘텐츠를 노출하는 것이기 때문에 브랜드 이미지 재고에도 큰 도움이 된다. 포스트를 성실히 운영하

다보면 네이버 주제판 담당자나 외부에서 제휴 제안이 들어오거나 카카오톡 채널 등 타 플랫폼에 콘텐츠를 공급하는 계약을 체결하기도 한다. 이는 브랜드 가치가 그만큼 높다는 방증이기도 하다.

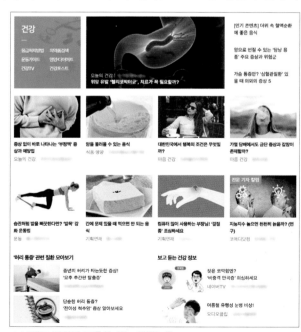

▲ 브랜드 강화에 도움이 되는 메인노출

포스트 관리하기

포스트는 설정을 변경할 수 있는 부분이 그리 많지 않다. 이번 레슨에서는 주요 관리 항목에는 어떤 것들이 있으며 통계에서 눈여겨 봐야할 부분에는 어떤 것들이 있는지 살펴보겠다. 포스트 운영에 도움이 될 만한 간단한 팁도 함께 소개하니 참고하도록 하자.

1 _ 관리 항목 살펴보기

포스트는 구조가 단순해서 설정을 변경할 수 있는 부분이 그리 많지 않다. 로그인 후 첫 화면에서 설정을 선택하면 프로필 수정 화면 최하단에서 포스트 관리(❶), 댓글 관리(❷), 콜라보 신청 관리(❸), 팔로우 차단 관리(❹) 총 4가지 항목을 확인할 수 있는데, 여기서 주로 사용하는 것은 포스트 관리와 댓글 관리다. 콜라보 신청 관리는 다른 포스트 에디터가 콜라보 요청을 했을 때 오는 알림을 확인하는 기능이고, 팔로우 차단 관리는 현재 본인의 포스트를 팔로우하고 있는 특정 팔로워에게 콘텐츠 등록 알림이 가지 않도록 하는 기능이기 때문에 특별한 경우가 아니면 거의 사용할 일이 없다.

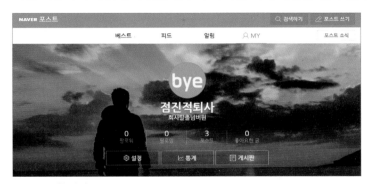

▲ 포스트 첫 화면

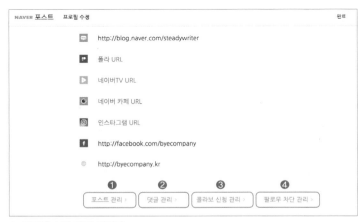

▲ 프로필 수정 화면 최하단

먼저 댓글 관리를 선택하면 콘텐츠에 등록된 전체 댓글을 확인하고 댓글 작성란에 공지를 등록할 수 있다. 댓글보기 탭에서는 전체 댓글을 콘텐츠 제목과 함께 최신순으로 정렬해주기 때문에 혹시라도 미처 확인하지 못한 댓글을 확인할 때 유용하다. 특정 사용자가 반복해서 악플을 남기는 것 같을 때는 닉네임 검색 기능을 이용해 그 동안 작성한 댓글을 한 번에 확인하고 바로 차단하거나 삭제할 수 있다.

▲ 댓글 관리 화면

포스트 관리를 선택해서 더 많은 관리 항목을 살펴보자. 먼저 포스트 탭에서는 등록된 전체 콘텐츠를 확인하고 수정하거나 삭제할 수 있다. 제목과 등록일 순으로 정렬해서 볼 수 있기 때문에 전체 콘텐츠를 빠르게 확인하고 싶을 때 사용한다.

▲ 포스트 관리 화면

시리즈 탭에서는 전체 시리즈를 확인하고 편집할 수 있다. 시리즈에 새 글을 작성하거나 기존 시리즈를 수정하는 것은 포스트 첫 화면에서도 할 수 있기 때문에 주로 새 시리즈를 등록할 때 사용한다. 시리즈를 만드는 과정도 매우 단순하다. 시리즈 만들기 버튼을 누르고 주제에 적합한 제목과 시리즈 태그를 입력하면 되는데, 시리즈 태그는 포스트 전용 검색 페이지에서 검색할 때 사용하는 기능이나 실질적으로 큰 도움이 되지 않으니 굳이 추가하지 않아도 된다.

▲ 시리즈 관리 화면

▲ 시리즈 추가 화면

한 번 등록한 시리즈 정보는 되도록 변경하지 않는 것이 좋다. 특정 시리즈만 팔로우하는 사용자도 있기 때문이다. 제목을 다듬는 정도는 괜찮지만 주제를 변경하거나 등록된 콘텐츠를 모두 변경해서는 안 된다. 또한 다른 시리즈에 등록된 콘텐츠를 가져온 후에는 반드시 최신 순으로 정렬해주어야 한다. 그대로 놔두면 새로 가져온 콘텐츠가 제일 위에 보여서 과거에 등록한 콘텐츠가 최신 콘텐츠로 보일 수 있다.

▲ 시리즈 편집 화면

▲ 콘텐츠 추가 화면

나머지 관리 항목들은 사용할 일이 거의 없으니 간략하게 살펴보고 넘어
가자.

- 친구초대: 이메일 주소를 입력하거나 블로그 이웃 목록을 불러와 포스
  트 초대장을 발송하는 기능이다.
- 댓글차단: 댓글쓰기가 차단된 전체 사용자들을 확인할 수 있다.
- 글보호: 글 보호 설정을 사용하면 PC나 모바일 사용자가 포스트 본문
  을 복사해 갈 수 없다. 포스트를 운영하다 보면 누군가 원작자의 동의
  없이 본문을 복사해 무단으로 사용하는 경우가 종종 발생하니, 웬만하
  면 설정해두는 것이 좋다.
- 위젯: 블로그나 홈페이지에 포스트 위젯을 달 수 있는 소스코드를 복사
  할 수 있다.
- 창작지원센터: 텀블벅 후원과 관련된 기능으로 사용할 일이 거의 없다.

▲ 반드시 설정해야 할 글보호

2 _ 통계 살펴보기

통계는 포스트의 현재 상태를 명확한 데이터로 확인할 수 있어 장기적인 포스트 운영에 큰 도움이 되는 기능이다. 그러나 정보를 제공하는 기간이 길지 않기 때문에, 필요한 부분이 있다면 캡처해서 따로 저장하거나 지표 다운로드 기능을 통해 미리 백업해 두어야 한다. 일간 데이터는 최근 3개월, 주간 데이터는 최근 15주, 월간 데이터는 최근 26개월까지만 제공하고 있으니 참고하자. 더 궁금한 부분이 있다면 통계 화면 하단의 바로가기를 선택해 관련 도움말을 확인할 수 있다. 나의 포스트 통계는 일간 현황, 방문 분석, 사용자 분석, 순위 4가지 항목을 제공하는데, 일반적으로 가장 많이 확인하게 되는 항목은 일간 현황이다.

▲ 나의 포스트 통계 화면

▲ 지표 다운로드 화면

일간 현황에서는 조회수, 방문 횟수, 조회수 순위, 유입 경로, 성별연령별 분포를 확인할 수 있다. 전체 통계 중 중요한 부분만 제공하고 있기 때문에 자주 들여다보는 것이 좋다.

• 조회수: 최근 2주간 포스트에서 발생한 전체 조회수다. 그래프를 함께 제공하기 때문에 조회수에 변화가 생겼을 때 빠르게 확인할 수 있다.

- 방문 횟수: 최근 2주간 포스트를 방문한 사용자들의 방문 횟수다.
- 조회수 순위: 포스트에 등록된 콘텐츠들의 조회수 순위다. 조회수가 평소와 다르게 높을 경우 조회수 순위를 확인해 어떤 콘텐츠가 메인노출 되었는지 확인할 수 있다.
- 유입 경로: 방문자가 어떤 경로로 유입되었는지 보여준다. 네이버 내부 경로는 서비스 단위로, 네이버 외부 경로는 사이트 단위로 구분해 보여주며, 유입 경로를 확인하면 콘텐츠가 어떤 주제판에 노출되었는지 확인할 수 있다.
- 성별, 연령별 분포: 포스트 방문자의 성별, 연령별 분포를 보여준다.

▲ 일간현황의 조회수 화면

▲ 일간현황의 조회수 순위

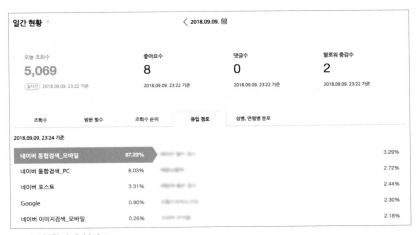

▲ 일간현황의 유입경로

방문 분석에서는 조회수, 순방문자수, 방문횟수, 평균방문횟수, 재방문율을 확인할 수 있다. 여기서 조회수란 포스트에서 발생한 전체 조회수로, 게시글 조회뿐만 아니라 MY페이지를 열람한 횟수도 포함된다. 그래프를 통해 일간, 주간, 월간 조회수를 한 눈에 확인할 수 있다.

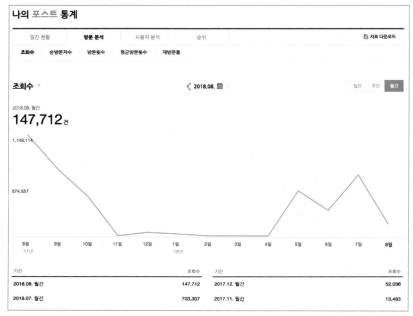

▲ 방문 분석의 조회수 화면

사용자 분석에서는 유입 분석, 시간대별 조회수, 성별 연령별 분포, 기기
별 분포, 팔로워 방문 현황, 팔로워 증감수, 팔로워 증감 분석을 확인할
수 있다. 내 포스트에 주로 어떤 사용자들이 방문하는지 살펴보고 콘텐츠
작성에 참고할 수 있으며, 팔로워 증감 현황도 알 수 있다.

나의 포스트 통계							
일간 현황	방문 분석	**사용자 분석**		순위			📊 지표 다운로드
유입분석	시간대별 조회수	성별, 연령별 분포	기기별 분포	팔로워 방문 현황	팔로워 증감수	팔로워 증감 분석	

유입분석 ❓　　　　　　　　　　❮ 2018.09.08. 📅　　　　　　　　　　[일간] 주간 월간

전체	검색 유입	사이트 유입		
네이버 통합검색_모바일	86.99%			3.30%
네이버 통합검색_PC	8.47%			2.93%
네이버 포스트	3.37%			2.79%
Google	0.73%			2.43%
네이버 이미지검색_모바일	0.21%			2.40%

▲ 사용자 분석의 유입분석 화면

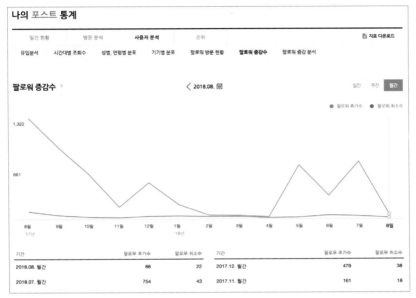

나의 포스트 **통계**

| 일간 현황 | 방문 분석 | **사용자 분석** | 순위 | 📄 지표 다운로드 |

| 유입분석 | 시간대별 조회수 | 성별, 연령별 분포 | 기기별 분포 | 팔로워 방문 현황 | **팔로워 증감수** | 팔로워 증감 분석 |

팔로워 증감수 ?   ‹ 2018.08. 🗓   일간 주간 **월간**

● 팔로워 추가수   ● 팔로워 취소수

1,322

661

8월   9월   10월   11월   12월   1월   2월   3월   4월   5월   6월   7월   8월
17년   18년

기간	팔로우 추가수	팔로우 취소수	기간	팔로우 추가수	팔로우 취소수
2018.08. 월간	66	22	2017.12. 월간	479	38
2018.07. 월간	754	43	2017.11. 월간	161	18

▲ 사용자 분석의 팔로워 증감수 화면

순위에서는 게시글 조회수 순위, 게시글 좋아요 순위, 게시글 댓글수 순위, 시리즈 조회수 순위, 시리즈 좋아요수 순위, 시리즈 팔로워수 순위를 확인할 수 있다. 최대 100위까지 보여주며 인기 있는 콘텐츠와 시리즈의 선호도가 궁금할 때 살펴보면 도움이 된다.

나의 포스트 **통계**

| 일간 현황 | 방문 분석 | 사용자 분석 | **순위** | 📄 지표 다운로드 |

| **게시글 조회수 순위** | 게시글 좋아요수 순위 | 게시글 댓글수 순위 | 시리즈 조회수 순위 | 시리즈 좋아요수 순위 | 시리즈 팔로워수 순위 |

게시글 조회수 순위 ?   2016-08-24 ~ 2018-09-08   일간 주간 월간 **전체**

조회수(건)

순위	글 제목	조회수(건)
1		774,543
2		483,599
3		427,299
4		411,430
5		361,703

▲ 순위의 게시글 조회수 순위 화면

메인노출을 노리고 있다면 일간 현황은 되도록 매일 들여다보는 것이 좋다. 그렇지 않으면 자기 포스트가 메인에 노출되었는지도 모르고 그냥 지나가는 경우가 발생한다. 메인에 노출되기 전에 댓글을 통해 미리 알려주는 주제판도 있지만, 예고 없이 바로 노출되는 경우도 있기 때문이다. 일간 현황은 최근 2주간의 조회수를 보여주니 최소 일주일에 한 번은 확인하고, 중요한 통계가 있다면 미루지 말고 즉시 캡처해 저장하도록 하자. 포스트는 메인노출을 통한 유입이 가장 많이 발생하기 때문에 일간현황의 유입 경로와 조회수 순위를 파악해 어떤 주제판에 어떤 포스트가 노출되었는지 확인하는 것이 중요하다.

3 _ 포스트 운영 팁

다음으로 포스트 운영에 도움이 되는 몇 가지 팁을 소개한다. 첫 번째는 콘텐츠 링크 추가다. 검색으로 유입된 독자들은 원하는 정보가 분명하기 때문에 글을 다 읽은 후 바로 이탈하는 경우가 많다. 그러나 네이버 메인을 통해 유입된 독자들은 읽을거리를 찾아 들어온 것이기 때문에 다른 흥미로운 콘텐츠가 있다면 추가적으로 소비하게 된다. 따라서 사람들이 관심을 가질만한 다른 콘텐츠를 본문 하단에 추가해 둔다면 포스트 전체 조회수를 더 높일 수 있다.

실제로 많은 에디터들이 본문에 다른 콘텐츠로 연결되는 링크를 추가하고 있는데, 그 중 일부는 포스트가 아닌 자사 홈페이지나 홍보 페이지로 연결되는 링크를 추가하기도 한다. 그러나 상업적인 목적으로 외부 링크를 걸어둘 경우 자칫하면 독자들의 반감을 사거나 메인노출에 부정적인 영향을 미칠 수 있으니 주의해야 한다. 또한 링크가 너무 많으면 피로도가 높아지고 조회수도 분산되니, 독자들이 꼭 봐주었으면 하는 콘텐츠 3개 정도만 추가해 두는 것이 좋다.

▲ 콘텐츠 링크가 추가된 모습

두 번째는 팔로우 이벤트다. 포스트를 개설하자마자 팔로우 이벤트를 진행하는 기업들이 많은데, 포스트가 충분히 활성화되지 않은 상황에서 이벤트를 진행하면 별다른 성과를 거두기가 힘드니 별로 추천하지 않는다. 팔로우 이벤트는 포스트가 메인에 자주 노출되어 어느 정도 활성화가 된 이후 시도하는 것이 좋다. 일반적으로 네이버 메인을 통해 유입된 독자들은 포스트를 팔로우할 확률이 높고, 이벤트까지 진행할 경우 더 많은 팔로워를 확보할 수 있다.

지금 수십만 팔로우를 확보하고 있는 인기 에디터들은 대부분 메인노출을 통해 자연스럽게 팔로워를 늘렸으며, 메인노출 도중 팔로우 이벤트를 진행해 더 큰 성과를 낼 수 있었다. 이벤트 경품은 보통 고가의 상품 하나를 내거는 것보다 기프티콘 같은 가벼운 상품을 많이 내걸어 당첨 확률을 높이는 것이 좋다. 가능하다면 자주 노출되는 주제판 독자들의 성별과 연령대를 미리 파악해 그들이 관심이 있어할만한 상품을 선정하는 것도 좋은 방법이다.

▲ 팔로우 이벤트 설정 화면

세 번째는 지원 정책 활용이다. 포스트 운영 초기에 비해 많이 줄어들긴
했지만, 전문 창작 지원 프로그램과 같이 꾸준히 진행되고 있는 지원 정
책도 있다. 전문 창작 지원 프로그램에서는 월간 포스트라는 이름으로 매
달 책이 된 포스트를 소개하다가, 2017년부터는 상반기와 하반기로 나누
어 소개하고 있다. 3개월 이상 포스트를 운영했고 시리즈 연재를 통해 출
간 및 전시 등 전문 창작활동으로 이어진 에디터라면 누구나 신청 가능하
다. 여기 선정될 경우 네이버 포스트 소식, 포스트 홈 배너, 책문화판 등
에 소개될 수 있으며, 책 배너 기능을 이용해 본인의 포스트에서 직접 책
을 소개할 수도 있다. 자세한 내용은 네이버 포스트 소식의 월간 포스트
시리즈에서 확인할 수 있다.

▲ 전문 창작 지원 프로그램

스타에디터는 블로그의 파워블로거와 비슷한 제도이며 2018년 5월 시즌 3까지 진행되었다. 진행 방식이나 분야는 매번 달라지는데, 특히 최근 진행된 시즌3에서는 매거진과의 콜라보를 통해 포스트는 물론 분야별 전문 매거진에도 함께 연재할 수 있는 기회가 주어져 큰 주목을 받았다. 스타에디터로 선정된 에디터들 중 다수는 지금까지도 꾸준히 메인에 노출되면서 자기 전문 분야에서 영향력을 이어가고 있다. 혹시라도 관심이 있다면 다음 시즌에 꼭 도전해보자. 자세한 내용은 네이버 포스트 소식의 다양한 공모전/이벤트모음 시리즈에서 확인할 수 있다.

▲ 스타에디터 시즌3

03

사례로 보는 포스트

다른 포스트들의 운영 사례를 참고하면 장기적인 운영에 도움이 될 수 있다. 대표적인 포스트 불량 운영 사례와 모범 운영 사례를 살펴보고 포스트 운영 초기에는 어떻게 운영하는 것이 좋은지 확인해보도록하자.

1 _ 포스트 불량 운영 사례

네이버 포스트를 운영하는 사람은 많지만 제대로 운영하는 경우는 그리 많지 않다. 불량 운영 사례의 대표적인 유형을 소개하니 혹시라도 해당 된다면 지금부터라도 제대로 운영하거나 차리리 포스트 운영을 중단하고 블로그에 집중하는 것이 좋을 것이다.

홍보형 포스트는 가장 흔하게 만나볼 수 있는 유형이다. 대부분의 글이 홍보성 포스팅이며 직접적인 홍보는 물론 일상글인척하지만 자세히 들여 다보면 특정 제품이나 업체를 홍보하는 경우가 많다. 이런 포스트들은 홍 보글을 꾸준히 작성하면서 다른 포스트들을 돌아다니며 댓글, 좋아요, 선 팔 3종 세트를 남긴다. 일부는 상대가 맞팔을 하지 않으면 다시 방문해 팔로우와 공감을 취소하기도 한다. 이런 방식이 홍보에 얼마나 도움이 될 지는 모르겠지만 생각보다 많은 에디터들이 포스트 대란 이후에도 이런 방식으로 포스트를 운영하고 있다.

5시간 전 4 읽음	
카마로SS 브렘보CTS-V 6P브레이크kit&미쉐린PS4S타이어★카마로브레이크튜닝	
1 ♡ 0	
5시간 전 4 읽음	
코란도 4인승 블랙 디테일링 세차 및 폼포나치 수성광택 후 폼포나치 만능 발수코팅 시공	
1 ♡ 1	
6시간 전 4 읽음	
[광주 자동차튜닝] 캡티마,맴버부싱강화와샤,언더바,토션바,코너링향상,롤링감소,주행안정성향상	
4 ♡ 2	

▲ 가장 흔한 유형

두 번째는 블로그와 동일한 방법으로 운영하는 유형이다. 제품 리뷰를 올 리거나 맛집 후기를 올리는 경우가 대부분인데 글을 올리는 서비스가 블로그에서 포스트로 바뀐 것일 뿐 등록되는 포스팅이나 운영 방향은 블로 그와 동일하다. 일부는 블로그에 등록된 콘텐츠 중 일부를 그대로 포스트 에 복사해서 붙여 넣기도 한다. 이런 포스트들 중 일부는 이미 최적화가 되었거나 기업이 공식 포스트로 인증을 받아 검색에 노출되기 때문에 상 위노출 상품을 판매하는 용도로 사용된다. 이런 포스트들이 당장은 노출 이 될 수 있을지는 몰라도 네이버가 포스트를 런칭하고 서비스하는 목적 에는 부합하지 않기 때문에 언제든 정책 변경으로 제재를 받을 수 있다.

▲ 블로그처럼 운영되는 유형

마지막은 열심히 하지만 성과를 내지 못하는 유형이다. 이들은 다른 포스 트나 블로그에서 쉽게 찾아볼 수 있는 포스팅을 작성하거나 전문분야를 다루기 보다는 가능한 모든 분야를 다 다루려고 한다. 특정 분야에 집중 한다고 하더라도 네이버 메인에 노출되기에 적합하지 않은 콘텐츠가 대 부분이기 때문에 제대로된 성과를 거두지 못하는 경우도 많다. 이렇게 운 영해서는 안된다. 목표로 하는 주제판을 설정한 후 전문 콘텐츠를 꾸준히 작성하면서 메인노출을 노려야 한다. 대기업의 공식 포스트임에도 이 유 형에 속하는 경우가 꽤 많다.

12분 전   2읽음

턴테이블로부터 최고의 사운드를 얻는 방법과 바이닐사운드가 훌륭한 곡과 앨범

♡ 0 ⬜ 0

15분 전   0읽음

에어글 공기청정기 AG600에 대해 알아봅시다~

♡ 0 ⬜ 0

18분 전   0읽음

최강 쿨링 성능! MSI 지포스 GTX1070Ti 트윈프로져6 입고

♡ 0 ⬜ 0

▲ 성과를 내지 못하는 유형

무분별한 포스트 운영은 장기적으로 도움이 되지 않으며 언제든 로직 변화로 인해 운영에 발목을 잡힐 수 있다. 그러니 나중에 후회하지 말고 처음부터 제대로 준비해야 할 것이다. 다시 한 번 강조하지만 포스트는 전문 콘텐츠를 유통하기 위한 플랫폼이다. 인스타그램에 성의 없는 사진과 장문의 글을 쓴다고 생각해보자. 누가 팔로우를 하고 좋아요를 눌러줄까? 맞팔 친구들이라면 모를까, 아무도 관심을 가지지 않을 것이다. 모든 플랫폼은 저마다의 특성과 운영 방법이 있기 마련이다. 각각의 성격에 맞게 운영할 때 효과가 발휘된다는 점을 분명히 인지하고 포스트를 운영하도록 하자.

2 _ 포스트 모범 운영 사례

포스트의 특성과 네이버의 의도를 정확히 파악해 전문 콘텐츠를 작성하면서 마케팅 효과도 누리는 사례에는 어떤 것들이 있을까? 대표적인 유형만 소개했던 불량 운영 사례와 달리 이번에는 포스트를 모범적으로 운영하고 있는 실제 포스트들의 사례를 하나씩 살펴보도록 하겠다.

처음으로 소개할 사례는 A스타트업이다. 기업으로서 이제 막 걸음마를 뗀 단계인 스타트업은 인지도가 낮아 대중적으로 많이 알려지는 것이 중요하다. 따라서 마케팅에 상당한 비용을 투자하며 언론에 대한 의존도 또한 높은 편이다. A스타트업은 이를 해결하기 위해 포스트를 적극 활용했다. 서비스 초기부터 포스트를 적극 운영하면서 주제별로 전문 에디터를 지정해 잠재 고객들이 관심을 가질만한 콘텐츠를 꾸준히 작성한 것이다. 그 덕분에 네이버 메인 주제판 중 남성들이 가장 많이 보는 자동차판에 꾸준히 노출될 수 있었다. A스타트업은 포스트 운영을 통해 자사 서비스를 잠재 고객에게 효과적으로 알린 것은 물론 전문 콘텐츠 제공으로 브랜드 인지도 향상에서도 큰 성과를 거둘 수 있었다. 그들의 사례는 관련 업계는 물론 다른 스타트업과 기업들도 참고해야 할 모범사례라 할 수 있다

▲ 자동차판

다음은 B미디어의 사례다. 네이버 메인에 노출되는 포스트 중 미디어의 비중이 높은 편이지만 모두가 다 노출되는 것은 아니다. 콘텐츠의 특성과 운영 전략에 따라 성과가 극명하게 갈린다. 실제로 많은 미디어들이 포스트를 운영하지만 자신들의 스타일을 고수하다보니 네이버 사용자들의 취향과는 맞지 않아 네이버 메인에 소개되지 못한다. 그러나 B미디어는 네이버 메인의 특정 주제판에 적합한 콘텐츠를 전략적으로 작성해 건강판에 꾸준히 노출되고 있다. 특히 카드형 콘텐츠와 일반형 콘텐츠를 적절하게 활용하고 있어 포스트 운영의 모범이라해도 될 정도로 잘 운영되고 있다. 일부 콘텐츠에서는 간접적인 홍보를 포함하고 있는 듯 보이지만 기본적으로 콘텐츠가 워낙 탄탄하기 때문에 별다른 제약 없이 건강판을 포함한 다양한 주제판에 꾸준히 노출되고 있다.

▲ 건강판

마지막은 C쇼핑몰이다. 경쟁사에 비해 비교적 늦게 포스트 운영을 시작했음에도 욕심을 부리지 않고 양질의 콘텐츠를 쌓는데 집중해왔으며 그 덕분에 생각보다 빨리 네이버 메인 테크판에 노출될 수 있었다. 메인노출을 통해 포스트를 최적화한 이후에는 본격적으로 자사 상품을 직접적으로 홍보하기 시작했고 현재는 메인노출에 집중하기보다 자사 상품을 소개하는 공식 채널로 포스트를 활용하고 있다. 주목할만한 점은 C쇼핑몰이 포스트 운영을 통해 쌓은 노하우를 바탕으로 자사 상품을 효과적으로 어필할 수 있는 새로운 미디어를 런칭 했다는 점이다. 현재 특정 주제판에서 전문 미디어로 운영되고 있는 포스트가 C쇼핑몰에서 운영하고 있다는 것을 아는 사람은 그리 많지 않다. C쇼핑몰은 새로운 포스트를 통해 자사 상품을 효과적으로 어필하는 것은 물론, 타사의 상품도 리뷰를 진행하면서 영향력을 키워가고 있다. 실제로 이들처럼 한 기업이 여러개의 포스트를 운영하는 경우가 꽤 많다. 포스트의 가치를 모르는 사람들은 포스트 운영을 기피하지만, 잘 알고 있는 사람들은 더 적극적으로 포스트를 활용하고 있는 것이다.

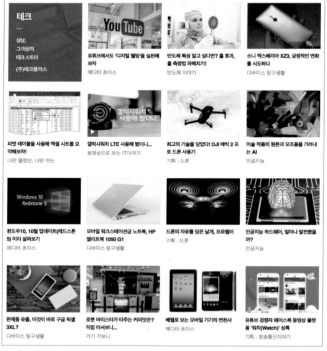

▲ 테크판

기업이나 미디어 외에도 개인의 사례가 존재한다. 문화예술, 여행, 일상 등 다양한 주제로 포스트를 운영하는 개인 포스트 에디터들은 포스트 운영을 통해 책을 출간한 이후 강연이나 전문 활동을 이어가고 있다. 그러나 기업이나 미디어만큼 꾸준히 운영하는 경우는 찾아보기 힘들다. 네이버가 특정 에디터만 계속 밀어줄 수 없기도 하거니와, 어느 정도 시점이 되면 포스트를 계속 운영하지 않아도 충분한 기회가 제공되기 때문이다. 그러니 개인 에디터로서 포스트를 운영하고자 한다면 장기적으로 하나의 미디어를 구축해 운영하는 것이 좋다. 출간 쪽에 관심이 있다면 포스트보다 카카오 브런치를 통해 연재하는 것이 더 효과적일 수 있다. 수차례 강조했지만 포스트는 결국 네이버 메인에 노출될 때 가장 의미있는 서비스이기 때문이다.

▲ 여행플러스판

3 _ 포스트 초기 운영 전략

포스트를 운영하는 방식은 사람마다 다를 수 있다. 그러나 누군가가 알아낸 지름길이 있다면 이를 굳이 마다할 필요는 없을 것이다. 지금부터 소개하는 내용은 필자가 수십 개의 포스트를 운영하며 체득한 가장 효과적인 초기 운영 전략이다. 포스트 운영 초기에는 다음 3가지 포인트를 기억해야 한다.

첫 번째는 선택과 집중이다.
이미 분야별 전문가들이 가득한 상황에서 신규 에디터가 비슷한 콘셉트와 콘텐츠로 접근해서는 좋은 성과를 거둘 수 없다. 자신만의 차별화된 핵심 분야를 정하고 거기에 집중해야 한다. 되도록 좁은 분야에 집중하는 것이 좋으며 성과를 내기까지 시일이 걸릴 수 있기 때문에 큰 욕심을 버리고 무리하지 않는 것이 좋다. 분야에 따라 차이가 있기는 하지만 되도록 남들이 가지 않는 자신만의 길을 찾는 것이 좋다. 예를 들어 푸드 관련 콘텐츠는 차고 넘치기 때문에 음료에 대해서만 다룬다거나 식재료에 대해서만 다룬다거나 하는 것이 좋은 접근법이다. 그렇게 먼저 자신만의 분야를 확실하게 다져놓은 상태에서 추후 다른 영역으로 확장해나가는 것이 좋다.

둘 번째는 콘텐츠 완성도다.
과거에는 네이버 메인에 소개할 수 있는 콘텐츠의 양이 부족했기 때문에 소수 에디터가 이 기회를 독점할 수 있었고, 다소 부족한 콘텐츠로도 메인에 노출될 수 있었다. 그러나 현재는 네이버 메인 노출을 목표로 운영되는 채널들이 많기 때문에 어지간해서는 성과를 내기 어렵다. 이 책에서 소개하고 있는 디테일한 요소들을 참고해 콘텐츠 완성도를 높여야 한다.

제목과 대표이미지에서부터 콘텐츠가 궁금하게끔 공을 들여야 하며 내용면에서도 전문성을 충분히 어필할 수 있어야 한다. 텍스트만 가득한데다 가독성까지 떨어지는 콘텐츠를 끝까지 읽어줄 사람은 없다는 사실을 기억하자. 잘 정리된 콘텐츠조차 다 읽지 않고 댓글을 남기는 독자들이 상당히 많다.

셋 번째는 꾸준한 운영이다.
불량 운영 사례에서 소개했던 것처럼 무작정 꾸준히 운영하는 것은 아무런 의미가 없다. 포스트는 메인노출 없이는 활성화되기 어렵기 때문에 네이버 메인에 노출되는 것을 목표로 완성도 높은 자신만의 전문 콘텐츠를 꾸준히 쌓는 것이 중요하다. 단기간에 성과를 낼 수도 있겠지만 큰 욕심을 버리고 천천히 운영하는 것이 좋다. 큰 기대를 걸고 조바심을 내면서 운영을 하게 되면 중도 포기할 가능성이 높아진다. 포스트가 메인에 노출된다고 해서 당장 매출이 상승하는 것도 아니기 때문에 장기적인 시각에서 하나의 전문 미디어를 만든다는 생각으로 꾸준히 투자를 하는 것이 좋다. 최소 3개월에서 6개월 이상을 목표로 해야 하며 중간에 포기할 계획이라면 차라리 시작하지 않는 것이 좋다. 포커스를 제대로 맞추고 운영했다면 분명 이 기간 안에 성과를 거둘 수 있을 것이다.

포스트 운영 초기에는 위 내용을 지키는 것이 버거울 수 있지만 충실하게 실천한다면 다음 단계로 넘어가기 한결 수월해진다. 물론 이 내용을 무시하고도 얼마든지 성과를 거둘 수 있다. 그러나 필자의 오랜 경험상 초기부터 이렇게 제대로 기초를 쌓아두는 것이 장기적으로 안정적이었다. 초기 이후에는 보다 다양한 주제로 확장하고 전략적으로 운영하면서 포스트와 메인노출을 통해 얻을 수 있는 것들을 확실히 챙겨야 하는데, 이런 기초가 부실하면 얼마든지 문제가 생길 수 있다.

혼자서도 할 수 있는 시리즈

IT, 쇼핑몰, 홈페이지, 창업, 마케팅 등의 실무 기능을 혼자서도 배울 수 있도록 차근차근 단계별로 설명한 실용서 시리즈이다.

혼자서도 할 수 있는
네이버 메인노출 마케팅
메인노출 준비하기/분석하기/콘텐츠 만들기
/관리하기

바이컴퍼니 저 | 16,500원

혼자서도 할 수 있는
홍보웹툰 제작
기업 · 관공서 · 개인을 위한 홍보 · 광고 ·
브랜드 만화 만들기

최정민 저 | 16,500원

혼자서도 할 수 있는
스마트스토어[개정판]
판매 · 상위노출 · 마케팅 핵심 전략

김덕주 저 | 13,300원

혼자서도 할 수 있는
블로그 마케팅[개정6판]
만들기 | 꾸미기 | 글쓰기 | 검색상위노출 |
방문자 늘리기

유성철 저 | 14,400원